书山有路勤为径,优质资源伴你行
注册世纪波学院会员,享精品图书增值服务

中国项目管理实战系列丛书

A DETAILED ANALYSIS OF THE PRACTICE OF KNOWLEDGE MANAGEMENT IN BANKING INDUSTRY

# 银行业知识管理实战精析

于兆鹏 编著

电子工业出版社
Publishing House of Electronics Industry
北京·BEIJING

未经许可，不得以任何方式复制或抄袭本书之部分或全部内容。
版权所有，侵权必究。

**图书在版编目（CIP）数据**

银行业知识管理实战精析／于兆鹏编著. —北京：电子工业出版社，2021.6
ISBN 978-7-121-40870-0

Ⅰ. ①银… Ⅱ. ①于… Ⅲ. ①银行业—知识管理Ⅳ. ①F830.22

中国版本图书馆 CIP 数据核字（2021）第 056964 号

责任编辑：刘淑丽　　　　特约编辑：田学清
印　　刷：三河市鑫金马印装有限公司
装　　订：三河市鑫金马印装有限公司
出版发行：电子工业出版社
　　　　　北京市海淀区万寿路 173 信箱　　邮编：100036
开　　本：720×1000　　1/16　　印张：11.75　　字数：176 千字
版　　次：2021 年 6 月第 1 版
印　　次：2021 年 6 月第 1 次印刷
定　　价：58.00 元

凡所购买电子工业出版社图书有缺损问题，请向购买书店调换。若书店售缺，请与本社发行部联系，联系及邮购电话：（010）88254888，88258888。
质量投诉请发邮件至 zlts@phei.com.cn，盗版侵权举报请发邮件至 dbqq@phei.com.cn。
本书咨询联系方式：（010）88254199，sjb@phei.com.cn。

随着知识管理在我国各行各业的深入应用，越来越多的企业正在深入思考如何将知识管理与企业实践更好地结合，寻找更大程度地发挥知识管理应用价值的方法。近年来，银行业机构快速发展，对知识管理的需求也越来越迫切。

银行业实践需要成功案例的指导，需要对知识管理应用的深入解读，这也是本书追求的目标和价值，具体体现在以下三个方面。

一、**银行业知识管理应用的全面分析**。大型商业银行、股份制商业银行、城市商业银行、农村金融机构、其他类金融机构和境外金融机构六种类型金融机构的知识管理应用在本书中都有涉及。虽然知识管理的方法和技术可以在不同行业或领域中通用，但是在不同场合下优先级及视角都会有明显的差异，因而本书对银行业知识管理应用进行了全面的分析。

二、**国际化的知识管理体系**。本书以国际知识管理协会的知识体系为依据，构建了项目数据管理、项目信息管理、项目知识管理、组织知识管理、个人知识管理和个人智慧提升六大知识领域，帮助读者全面掌握知识管理的数据、信息、知识和智慧四个层次的内容。

三、"他山之石"的**银行业案例**。银行业知识管理的发展离不开"他山之石"的知识交换，由于这个原因，本书从知识管理体系出发引入 55 个银行业知识管理案例，希望能给银行业从事知识管理工作的同仁提供有价值的参考，大家一起探讨、一起分享、共同完善银行业独特的知识管理体系和案例库，从而加强行业协同、减少沟通成本、提高合作效率。

最后，我要感谢电子工业出版社的刘淑丽老师，正是由于她在百忙之中多次审阅全书，并对细节进行修改，才使得本书能够顺利出版。

我诚挚地希望本书能起到抛砖引玉的作用，由于本人才疏学浅，书中还有很多不尽如人意的地方。希望读者对书中不合理或还需要进一步改进的地方提出宝贵意见，我的电子邮箱地址是 yuzhaopeng@hotmail.com，对大家的意见或建议我都会认真回复。

于兆鹏<br>
于上海<br>
2021 年 1 月 1 日

# 目录

**第1章 银行业现状与业务流分析** ··· 1
  1.1 银行业金融机构的分类 ······ 2
  1.2 商业银行的业务范围 ········ 2

**第2章 知识管理体系** ············ 4
  2.1 什么是知识管理 ············ 5
  2.2 知识管理的发展历史 ········ 6
    2.2.1 知识管理的早期
          历史 ············· 6
    2.2.2 知识经济时代 ······ 13
  2.3 知识螺旋 ················· 20
  2.4 知识六分法 ··············· 25
  2.5 六大知识领域 ············· 31

**第3章 项目数据管理** ············ 34
  3.1 项目数据管理概要 ········· 35
    3.1.1 项目数据管理的
          概念 ············ 35
    3.1.2 项目数据管理介绍 ··· 37
    3.1.3 项目数据管理的
          功能 ············ 38
  3.2 项目数据管理计划 ········· 43

  3.3 项目数据管理应用 ········· 46
    3.3.1 产品开发流程 ······ 46
    3.3.2 需求模块管理 ······ 49
    3.3.3 产品模块管理 ······ 52

**第4章 项目信息管理** ············ 55
  4.1 项目信息管理概述 ········· 55
    4.1.1 信息源与信息的
          组织 ············ 56
    4.1.2 信息流与信息管理 ··· 59
  4.2 信息流程图 ··············· 65
    4.2.1 信息流程图组件 ···· 65
    4.2.2 信息流程图的画法 ··· 71
    4.2.3 信息流程图实例 ···· 74

**第5章 项目知识管理** ············ 78
  5.1 知识管理的对象和视角 ····· 78
    5.1.1 知识管理的对象 ···· 78
    5.1.2 知识管理的视角 ···· 81
  5.2 项目知识库管理 ··········· 82
  5.3 项目知识需求管理 ········· 84
  5.4 项目人员技能管理 ········· 87

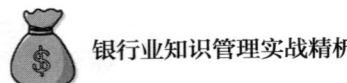
银行业知识管理实战精析

### 第6章 组织知识管理 ……………… 93
- 6.1 组织知识管理导入 ………… 94
- 6.2 知识管理战略规划 ……… 105
  - 6.2.1 知识管理战略目标的制定…………………… 105
  - 6.2.2 选择知识管理战略…………………… 107
- 6.3 组织知识管理与组织文化构建………………………… 113
  - 6.3.1 设置知识管理人…… 113
  - 6.3.2 建立知识型组织文化………………… 116
  - 6.3.3 建立知识管理激励机制………………… 118
  - 6.3.4 如何进行组织学习………………… 121
- 6.4 组织知识管理技术平台构建………………………… 125
  - 6.4.1 组织知识库管理…… 125
  - 6.4.2 组织知识社区管理………………… 128
  - 6.4.3 知识地图管理…… 133
  - 6.4.4 专家系统管理…… 138

### 第7章 个人知识管理 …………142
- 7.1 六种知识人……………… 142
- 7.2 行动学习法………………… 145
  - 7.2.1 什么是行动学习法……………… 145
  - 7.2.2 行动学习法的核心要点与本质……… 147
  - 7.2.3 行动学习法的一般步骤……………… 149

### 第8章 个人智慧提升……………… 152
- 8.1 个人智慧发展框架……… 153
- 8.2 个人智慧提升路线……… 155
  - 8.2.1 自身定位——兴趣驱动要素……………… 156
  - 8.2.2 自身定位——利益驱动要素……………… 161
  - 8.2.3 知识发展路径…… 164
  - 8.2.4 碎片式、关联式和系统式的学习………… 166
  - 8.2.5 学习实践………… 170
  - 8.2.6 知识发展重新定位……………… 173
- 8.3 个人资本提升……………… 175

### 附录A 银行业知识管理案例集清单（55个）……………… 179

### 参考文献………………………… 182

# 第1章
# 银行业现状与业务流分析

> **本章内容**
>
> ❑ 银行业金融机构的分类
> ❑ 商业银行的业务范围

随着我国经济社会的快速发展和改革开放的不断推进,货币化进程越来越快,全社会对金融产品的需求越来越大,这将直接推进银行业的快速发展。我国政府对金融体制改革自上而下的要求,以及外资银行进入我国市场对国内金融业的影响,都使得我国银行业的市场化进程日新月异。这也促使银行业越来越重视知识管理,因为知识管理是打造学习型组织、提升人员技能、加速市场化进程的重要手段。

随着银行业市场化的转型,各大银行和金融机构都在探索知识管理的方法,以及用知识管理来解决组织运营中的问题,从而增强人员素质与提高岗位技能,因此银行业对知识管理的要求会越来越高。

随着银行业的发展,像以前一样仅仅关注知识管理的概念和方法已经不能满足行业发展的特定要求了。因此,本书基于最新的知识管理体系,结合最佳实践案例,从项目数据管理、项目信息管理、项目知识管理、组织知识管理、个人知识管理和个人智慧提升六大知识领域来进行分析。全书的案例都是围绕银行业的项目运作展开的,希望能给银行业从事知识管理工作、组织深造或学习的同仁提供有价值的参考,大家一起探讨、一起分享、共同完善银行业独特的知识管理体系和案例库,不断提升行业水平。

## 1.1 银行业金融机构的分类

现阶段，我国的银行业金融机构主要分为六类：即大型商业银行、股份制商业银行、城市商业银行、农村金融机构、其他类金融机构和境外金融机构。

- 大型商业银行包括中国工商银行、中国农业银行、中国银行、中国建设银行、交通银行和中国邮政储蓄银行。
- 股份制商业银行包括中信银行、中国光大银行、华夏银行、广发银行、平安银行、招商银行、浦发银行、兴业银行、中国民生银行、恒丰银行、浙商银行和渤海银行。
- 城市商业银行包括北京银行、上海银行、南京银行、宁波银行和江苏银行等。
- 农村金融机构包括农村商业银行、农村合作银行、农村信用合作社和新型农村金融机构。
- 其他类金融机构包括政策性银行（如国家开发银行）、民营银行（如前海银行）和非银行金融机构（如拉卡拉、汇付天下）。
- 境外金融机构包括境外卡组织（如 Visa、万事达、美国运通等）和境外金融机构（如德意志银行和摩根大通等）。

大型商业银行的资产总额占国内银行业资产总额的近 40%，因此在我国银行体系中占据主导地位。

在本书所涉及的银行业案例中与大型商业银行相关的案例有 7 个，占比约 13%；与股份制商业银行相关的案例有 1 个，占比约 2%；与城市商业银行相关的案例有 1 个，占比约 2%；与农村金融机构相关的案例有 1 个，占比约 2%；与其他类金融机构相关的案例有 24 个，占比约 43%；与境外金融机构相关的案例有 10 个，占比约 18%；与其他行业相关的案例有 11 个，占比 20%。

## 1.2 商业银行的业务范围

目前，商业银行的业务范围主要包括以下十二个方面。

- **吸收存款**：商业银行最主要的负债业务。
- **发放短期、中期和长期贷款**：商业银行最主要的资产业务。
- **办理国内外结算**：国内外的支付结算、增值服务和综合现金管理等。
- **办理票据贴现**：是客户将未到期的票据提交给银行，由银行按票面金额扣除自贴现日至到期日的利息后而取得的现款。
- **发行金融债券**：金融债券是指银行或其他金融机构所发行的债券，多为信用债券。
- **代理发行、兑付、承销政府债券**：政府发行的债券银行可以代理发行、兑付或承销。
- **买卖政府债券**：从事买卖政府债券的业务。
- **从事同业拆借**：银行相互之间的资金融通。一般均为短期，常常是今日借明日还。其形成的根本原因在于法定存款准备金制度的实施。
- **买卖、代理买卖外汇**：包括对公外汇存款和外币储蓄存款等业务。
- **提供信用证服务和担保**：信用证是指银行应买方的请求，开给卖方的一种银行保证付款的凭证。开证银行授权卖方在符合信用证规定的条件下，以该行或其指定银行为付款人，开具不超过所定金额的汇票，并按规定的随附单据按期在指定地点收款。
- **代理收付款项及代理保险业务**：代理收付款项是指商业银行利用为单位、个人开立账户的便利，接受客户委托，代替客户办理收付款项事宜。代理保险业务是指商业银行接受保险企业的委托，按照事先双方约定的合同代为从事保险经营活动的行为。
- **提供保管箱业务**：银行保管箱业务是一种由银行等金融机构提供金融保障的服务。

# 第2章 知识管理体系

## 本章内容

- 什么是知识管理
- 知识管理的发展历史
- 知识螺旋
- 知识六分法
- 六大知识领域

## 本章案例

- 案例 2.1　基于 DIKW 的农行电商融资系统
- 案例 2.2　M-Pesa：降低中非合作交易成本的利器
- 案例 2.3　银商农批信用链，织就农货知识商户网
- 案例 2.4　华为与 Xpress Money 合作的知识服务
- 案例 2.5　蚂蚁金服的螺旋发展史
- 案例 2.6　"信联"实现征信业的智慧升级
- 案例 2.7　支付宝缘何紧缩趣店流量
- 案例 2.8　微信支付用户"养肥"了，难道就要收费
- 案例 2.9　百度走金融科技服务实体经济的"群众路线"

知识有四个层次：数据（Data）——信息（Information）——知识（Knowledge）——智慧（Wisdom），DIKW。知识包括显性知识和隐性知识两大类，显性知识与隐性知识之间相互转化，遵循知识螺旋模型。在知识螺旋上升发展的过程中，有六大知识领域：项目数据管理、项目信息管理、项目知识管理、组织知识管理、个人知识管理和个人智慧提升。

## 2.1 什么是知识管理

知识管理是知识经济时代涌现出来的一种新型的管理思想与方法，它融合了现代信息技术、知识经济理论、企业管理思想和现代管理理念。

具体来说，知识管理是在组织中构建一个量化与质化的知识系统，让组织中的资讯与知识通过获得、创造、分享、整合、记录、存取、更新和创新等方式，不断回馈到知识系统内，持续累积个人与组织的知识，从而促进个人与组织知识的循环，在企业组织中成为管理与应用的智慧资本，有助于企业做出正确的决策。概括地说，知识管理是对知识创造和知识应用进行规划和管理的活动。

谈到知识创造的过程，就不得不提到 DIKW 模型，如图 2-1 所示。DIKW 模型的每个层次实际上是有依存关系的，即低层次是高层次产生的基础，而更高层次又为低层次的发展提供方向指导。例如，某企业的一份财务报表就是数据，而面对同样一份数据，企业财务人员和企业总裁所看到的信息可能是不一样的。财务人员看到的是如何处理这份财务报表的工作任务，而总裁看到的则是企业的营收或亏损情况。

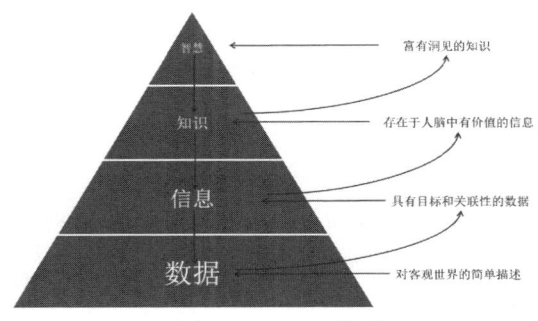

图 2-1 DIKW 模型

这说明数据是信息产生的基础，而从数据到信息的转化则需要知识背景的指引。同样，信息是知识产生的基础，而信息转化为知识则取决于个人智慧对于知识的理解。例如，有的人会选择成为一名专家，那么他在关注信息、掌握知识的过程中更多的是走专精路线；而有的人会选择成为一名管理者，那么他更多的是走广博路线。在当今这个信息超载的时代，人们面对的信息越来越多，只靠单纯的学习技巧已不能有效地获取知识，个人智慧对于知识的产生起到了决定性的作用。

知识的定义是什么呢？知识是个人用以解决问题的认知和整体技巧，包括理论和应用、日常规则及行动指南。数据和信息是知识的基础，但是知识是和人联系在一起的，知识是由人构建创造的，表达了人对因果关系的认识。

### 案例 2.1　基于 DIKW 的农行电商融资系统

**案例背景**

中国农业银行近年来上线了基于区块链技术的涉农互联网电商融资系统，并同步向"三农"客户推出"E 链贷"产品。该产品在充分挖掘和利用中国农业银行涉农电商数据的基础上，向电商供应链的法人客户提供完整的电商融资服务，其功能包括订单采购、批量授信、灵活定价、自动审批、受托支付和自助还款。

**案例分析**

中国农业银行电商融资系统的成功，核心在于其充分利用 DIKW 模型中的数据分析，充分挖掘和利用中国农业银行涉农电商数据，并得到相应的电商需求信息，从而能向目标客户提供电商融资服务。

上面我们学习了知识管理的概念，要想了解知识管理的体系，需要先来看一下知识管理的发展历史。"以史为鉴，可以知兴替。"知其过去，才能更好地理解现在和展望未来。

## 2.2　知识管理的发展历史

### 2.2.1　知识管理的早期历史

知识管理可以追溯到远古时代。从旧石器时代开始，人类就有了最早的记录自然界的图像，用来存储和传播知识，并将这些知识以一种非常直观的图像传递给部落的其他成员。壁画记录了远古时代人类狩猎的规律，是知识管理在人类生活中最早的体现。

在文字出现之前，人类记录知识的方式仅限于记忆、壁画或口头传达。为了增强记忆，口语和音律艺术被引入进来形成史诗。例如，《吉尔伽美什史诗》是西亚两河流域的上古人民创造的一部优秀文学作品。它产生于苏美尔时代，后经历代人民口头相传并不断加工提炼，到公元前 20 世纪上半叶即古巴比伦王国时期才最后编成。著名的《荷马史诗》记载的公元前 11 世纪到公元前 9 世纪的希腊史称作"荷马时代"，因《荷马史诗》而得名。《荷马史诗》是这一时期唯一的文字史料。这部史诗包括了迈锡尼文明以来多个世纪的口头传说，到公元前 6 世纪才形成文字。

伴随着字母文字的产生，记录媒介和设备的技术也在不断变化。例如古埃及的 Papyrus(也称纸沙草纸，Paper 这个单词就是来源于拉丁文 Papyrus)，如图 2-2 所示。存储知识的强烈动机直接促成了图书馆的产生，最著名的当属埃及的亚历山大图书馆，于公元前 3 世纪建立，存在了大约 1000 年。在亚历山大图书馆鼎盛时期，拥有 500 000 本手写著作，后来这些著作的复制品传播到世界各个角落。为了使知识的捕捉、存储和传播更加有效，新的技术不断产生。

知识的传承是知识管理中非常重要的组成部分，是多种社会因素，如制度、文化等共同作用的结果。例如在我国，文人（士大夫阶级）是知识专家。中华文明重视宗法传承，因此知识延续被看作与祖先传承相关联的部分。

在西方，希腊和波斯延续下来的知识，最终进入欧洲修道院。僧侣专注于探索真理，将所有的知识看作上帝的表达或他的创造性举动。欧洲修道院中存在着一种特殊的知识——礼拜仪式，如图 2-3 所示。除此之外，还有希腊古典文献以及用拉丁语撰写的圣经。从某种程度上说，这些知识只对统治阶级有用，因为拉丁文是贵族等统治阶层的外交语言。

图 2-2　古埃及纸沙草纸的文字记录

图 2-3　欧洲修道院的礼拜仪式

印刷术的出现使得远距离教育和知识传播更加容易，从而改变了人类的思维方式和生活方式，但是印刷术限制了知识存储和传播的方式，例如，口头交流和面对面沟通的方式被削弱。因为印刷术替代了口头交流方式成为知识传播的主流方式，同时印刷术也限制了人们直接从经验和实践中学习的机会，图 2-4 所示为利用蔡伦印刷术制作的印刷品。

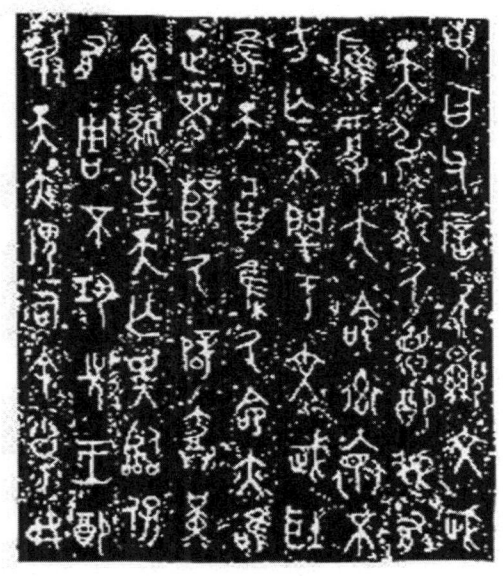

图 2-4　利用蔡伦印刷术制作的印刷品

大学的出现使得知识管理变得更加系统化，不同类型的知识之间的界限开始消除，从书本中获取知识已不再是牧师和贵族的特权。真正大规模消除不同群体之间的特殊行业知识界限是在工业化时期，这一时期国家全面推广全民教育，使得城市工人也能学习到雇主要求的工作技能知识。

当今世界，技能短缺就是投资的原动力，呼叫中心往往建立在高速发展的知识中心，这就是一个很好的例证。技能短缺现象通常是指只有少数员工具有专业技能，与其共事的则是技能不够熟练的员工。早在 20 世纪初期，早期的实业家就面临着类似的问题。他们要进行大规模的生产，然而生产所需的专业技术人才却寥寥无几。真正的大规模生产出现在美国独立战争时期，当时美国对军火武器需求的急剧增加促成了第一条生产线的诞生。所谓"武器厂"的生产方式促使人们开始从总体上思考生产问题，但是直到 20 世纪早期才出现了像亨利·福特这样的规模化生产的倡导者。这些倡导者试图将传统工人的复杂知识进行分解，从而达到提高生产速度、扩大生产规模的目标。换句话说，就是把难以完成的复杂工作细分成几个容易完成的简单工作，而后者可以由技能不熟练的工人完成。这样一来，工人只需要掌握整个生产流程中的部分工作所需的知识即可。图 2-5 所示为英国工业化时期工人正在学习岗位知识。

图 2-5　英国工业化时期工人正在学习岗位知识

自福特时代以来，大规模生产技术得到不断的改进和应用。工业化时代也是一个标准化时代。亨利·福特曾有句名言："消费者可以拥有他们想要的任何颜色的汽车，只要那种颜色是黑色的。"随着社会的发展，特别是 20 世纪 60 年代以后人们的期望值有了大幅度的提高，大规模生产方式仍然存在，但是在我们生活的世界里，个人的知识和专业能力逐渐成了积累个人财富和提高生产能力的必要条件。到了 20 世纪 60 年代的信息时代初期，可以清楚地看到，所有团体成员知识构成的复杂知识网络对组织成功变得日益重要。

1969 年，管理学大师彼得·德鲁克指出：知识是核心资本，是成本中心，是关键的经济资源。这与亨利·福特等工业家所认同的卡尔·马克思的一个观点："土地、劳动力和资本是主要的经济资源"，有着明显的分歧。尽管德鲁克的观点在 1969 年表现得颇为激进，但是在今天看来很普通。

许多商业思想和商业决策有待改进，以适应当今社会的需求。例如，尽管会计制度对资本资产的管理有严格的规定，然而由于长期形成的复杂的社会风俗、现实做法、法律制度以及行业规章制度，导致会计专业人员在很大程度上都不能正确评价或管理知识资本（商标、专利等具有市场价值的几种无形资产除外），这种管理方式会影响到企业估价等类似问题的准确性。针对这种情况，企业已经有了大量创造性的解决方案（其中融入了诸如平衡计分卡之类的概念），但是还没有得到广泛应用。随着复杂新技术的发展，特别是互联网技术的应用，用于存储、整合及发布信息的新式手段层出不穷，以市场为导向的组织的主流观点从以交易为基础转变为以知识为基础。

18世纪的苏格兰学者亚当·斯密是现代经济学的创始人之一，他对公司有一种简单的看法：由于组织内部的成员进行商业活动的交易成本，比付钱给组织外部的成员完成同样的工作所需的费用要低，因此公司制企业就逐渐开始在个人独资所有、合伙制小家庭作坊等形式的基础上产生并不断发展起来。衡量自制或外购某些产品或服务是否合算则是用简单的成本公式来计算。

当然，即使在亚当·斯密时代，公司也并不总是按照上述的方式运营。为什么公司不采用成本低廉的自制方式而是转向外购呢？这其中的原因有很多："国家利益"的战略性要求可能意味着更容易买到原材料或零部件；国家给造船业提供补贴以保证战争时期舰船的供应；情感、传统文化等非商业因素的影响可能促使企业采取有悖于常理的行动；等等。随着时间的推移，会有新式的管理理论对这些行为做出更合理的解释。

## 案例 2.2　M-Pesa：降低中非合作交易成本的利器

### 案例背景

近年来，中非经济合作越来越深入。其中，"金融+产业"的合作模式已经通过大力发展直接投资、强化汇率避险等措施优化了金融支持，并成功地带动国内成熟技术、标准、先进装备和产能"走出去"。支付是推进中非经济合作实施落地的重要支撑。

由于银行卡渗透率较低,手机是非洲人上网的主要工具,这为移动支付近些年来在非洲的蓬勃发展提供了丰沃的土壤。非洲的支付基本上跳过了银行卡支付的阶段,直接进入以手机银行为代表的移动支付阶段。全球移动通信系统协会的数据显示,撒哈拉以南非洲移动支付用户已达 3.38 亿个。

2007 年肯尼亚的移动运营商 Safaricom 上线了增值服务产品 M-Pesa,如图 2-6 所示。M 代表 Mobile,Pesa 在斯瓦西里语中代表货币的意思,那么这两个词语组合起来就表示移动钱包的概念。非洲有 68%的成年人都在使用该产品,这一比例位居世界第一。

图 2-6　Safaricom 推出的增值服务产品 M-Pesa

2007 年 3 月,Safaricom 推出手机银行业务,最初仅包括存款、取款、汇款以及手机充值等基本的业务;2010 年推出超市付款业务,手机银行开始进入生活消费场景;2011 年推出超市 Visa 卡,用户可以通过其 M-Pesa 账户向国际预付费 Visa 卡转账;2012 年 M-Pesa 与 Equity Bank 和 Diamond Trust Bank 合作,用户可以在合作银行的 ATM 机上取款。截至 2017 年,M-Pesa 虽然只走过了短短 10 年的历程,却在移动支付领域取得了令人瞩目的成就。

### 案例分析

Safaricom 推出 M-Pesa 的目的是降低"金融+产业"合作的交易成本,就如同亚当·斯密对公司的论断一样:让组织内部的成员进行商业活动的交易成本,比付钱给组织外部的成员完成同样的工作所需的费用要低。同样,M-Pesa 也能在中非合作中降低交易成本。

> 上面我们分析过，任何知识产品的背后，都有数据和信息的支撑。M-Pesa 是基于在非洲银行卡渗透率较低、手机是非洲人上网的主要工具这两点而推出的支付产品。这给我们银行业同仁的启示是：要做好一款银行产品或成功实施一个金融项目，都离不开当地市场和用户的数据分析，有了基础数据，才能做到因地制宜。这也就是我们通常所说的"没有调查就没有发言权"。

## 2.2.2　知识经济时代

知识经济（Knowledge Economy）诞生于 20 世纪 80 年代。知识经济始终对人类文明具有重要意义，但在过去 50 年里，其重要性达到了这样一个程度——它将支配其他的社会经济因素。

知识经济是以知识产业的迅猛发展为基础的。如果说在农业经济时代，土地是第一生产要素，在工业经济时代，资本是第一生产要素，那么到了知识经济时代，知识将取代资本成为第一生产要素。在现代化的企业生产中，人们认识到外在劳动过程的知识管理也成为创造产品价值的一个重要因素，经济学界也提出了知识管理是创造产品价值的第四个要素。而知识管理正是随着人们对企业自身性质认识不断深化所形成的知识和信息，管理人员运用这些知识和信息，服务于生产过程而实现增加产品的价值。美国德尔福集团的创始人甚至提出了企业知识管理，认为这是现代企业成功的关键，他指出企业在知识经济中如果离开了知识管理就不可能具有竞争力。

知识在现代经济中的基础性作用已彻底改变了传统人、财、物三个要素配置所带来的增长。知识作为驱动经济增长的主要力量，其投入和参与生产的方式完全不同于传统要素，而这已经成为新兴产业的主导力量。

知识经济的发展深刻地改变着经济学的基础理论和增长理论，尤其是知识经济所表现出的经济数字化、虚拟化、一体化、全球化、消费与生产的融合等特征，使我们必须重新思考传统经济学的货币理论和周期理论。随着知识成为新增社会价值的决定力量，使社会财富价值的代表货币在更加虚拟化的数字经济中运行，使工业经济时期所表现出的通货膨胀，进一步发展为泡沫经济。在全球化、一体化、货币自由汇兑、金融衍生品大量存在和信息空前通畅的情形下，原有的货币理论和周期理论已明显不能指导现实。原来生产过剩的危机现在或许因为金融市场的违规操作而再次来临，或许因为世界市场的分工不同而大获全利，可以说2008年的全球金融危机是一个最有力的说明。

知识工作者（Knowledge Worker）这个概念最早由管理学大师德鲁克在1959年提出，具体指那些在某领域以脑力工作为主的劳动者。德鲁克在其论著中多次提到知识工作者，他推断，在今后20年知识工作者将占西方发达国家总劳动人口的约40%，成为社会生产的下一个主力军，他们的影响力可能还涉及政治、经济、文化等多方面。

德鲁克认为知识工作者快速增长是历史发展过程的必然结果。从历史上来看，在20世纪以前各国的主要劳动力都集中在农业，当时是为了提高农业生产以此来解决人们的温饱问题。但是，到了20世纪初期农业生产得到大力发展，西方各发达国家都从农产品进口国转变为农产品出口国，而从事农业生产的人口却都降低到只占本国劳动人口的3%～5%。适逢其时，两次世界大战吸收和占用了一部分劳动力，其余劳动力都转到现代工业中去了。战争期间和战后恢复初期，现代工业生产得到了很大的提高，特别是在20世纪50年代以后，科技发展突飞猛进，对工业生产更是锦上添花。到了20世纪80年代末期，工业生产的规模达到了顶峰，生产能力普遍过剩。从那时起，现代工业生产开始走上农业生产经历的道路。参加工业生产的劳动人口逐年下降，工业生产的国民收入和国民生产总值在整体国民经济中所占的比重也不断降低。另外，由于工、农业生产的高度发展，西方发达国家人民的生活包括衣、食、住、行等各方面的需求，都得到了满足。人们开始对物质生活以外的其他方面，如医疗、保健、卫生、艺术、娱乐、旅游、通信、运输以及与这些相适应的金融、财务、保险、学校、教育、政府的福利部门、公共事业等，又都提出了更新、更高的要求。这一大串行业也就是如今人们经常提起的第三产业，统称服务业。

从 20 世纪 80 年代以后，发达国家服务业的各项指标，如投入资金与就业人口的比例、国民收入与国民生产总值的比重，均逐年超过工业生产和农业生产的指标，服务业成为西方许多发达国家的支柱产业。进入 21 世纪，这种高速发展的势头并未放缓，与此同时，新科技、新理论也大量涌入各服务行业中。在这种情况下，一批新型的劳动生产者发展起来了，德鲁克称他们为"知识工作者"。

## 案例 2.3　银商农批信用链，织就农货知识商户网

### 案例背景

2020 年初的新冠肺炎疫情，让我们对平日司空见惯的农产品批发市场有了新的认识。我们看到各地的农产品批发市场对保障城市生活、稳定市民情绪起到了巨大作用。

农产品批发市场是我国改革开放后形成的商业业态。我国最早的农产品批发市场恰恰就是于 1984 年在武汉建立的武汉皇经堂农产品批发市场。在过去的三十多年里，随着人们的消费需求升级和科学技术的创新，传统农产品批发市场面临着转型。商务部在《全国农产品市场体系发展规划》中提出，要初步建立以产地集配中心和田头市场为源头、以农产品批发市场为中心、以农产品零售市场为基础、以高效规范的电子商务等新型市场为重要补充的中国特色农产品市场体系。

目前，农产品批发市场运行机制以现货和现金交易为主。现金收付作为传统的交易方式虽然比较方便，但是因为批发业务的交易数量大，往往需要大量的现金，假币、抢劫等不法行为的存在又使得这种交易方式存在不安全性。同时，农产品批发市场中还存在采购商和批发商之间的串货、赊欠货款等问题。针对这些问题，银联商务利用公司成熟的企业资源计划系统以及移动支付全民惠农 App，通过"支付+大数据+金融"的模式，为农产品批发市场的升级换代提供了信息化、移动化、金融化的综合解决方案——农产品批发市场信用链。全民惠农 App 的产品之一上农鲜品如图 2-7 所示。

图 2-7 全民惠农 App 的产品之一上农鲜品

具体来说，银联商务是通过大数据打造信用评级系统为商户建立信用体系，并且通过区块链技术形成不可逆的产品流通体系，为农产品批发市场内的交易双方提供了中间信用平台与交易平台、提高了双方交易的成功率、保证了赊方的利益的同时也为欠方提供了继续发展的机会，特别是可以引入第三方金融机构提供供应链金融产品，充分解决了农产品批发市场内交易的资金短缺问题。

 案例分析

银联商务推动农产品批发市场信用链，以区块链技术为根基、其他互联网化服务为配套，织就了一个农货知识商户网络。这个网络提供的服务有以"咕咕点餐""e 外卖"为核心的餐饮服务、有以"E 开票"系统为核心的电

## 第 2 章 知识管理体系

> 子发票服务、有以"大华捷通""物流小跟班"为核心的物流服务以及以"全民惠农"为核心的营销方案。
>
> 该网络将传统的农产品批发市场体力型商户逐步转化为知识型、智慧型商户，这也就是德鲁克所说的"知识工作者"，其不仅仅在科技领域普及，在农产品批发市场也通过知识网络而逐步普及。《中国农产品电商发展报告》的数据显示，我国农产品交易规模每年 10 万亿级，在区块链的基础下，共享信息数据后可以挖掘的场景是一片广阔的蓝海。

就像上面案例中所说的，知识工作者依赖的是知识网络，知识网络是一种组织结构或是一种组织环境。从动态的角度看，知识网络是一个工作系统，是知识的创造与分享的过程，并且相对于其作为"组织结构"的静态属性，知识网络作为"工作系统"的动态属性更为重要：知识网络是"工作（Work）"而非"网络（Net）"。还有一点非常重要：知识网络是目的驱动的，且参与知识网络的实体具有共同的关注点。

知识工作者习惯于工作在知识网络环境中，在知识网络中显性知识与隐性知识会持续的产生和发展。知识工作者必须从协作知识网络中创造、处理和完善自身的知识，协作知识网络包括同事、供应商、顾客、竞争者和其他的网络来源。

如果从知识网络的概念来理解，知识管理则可以分为以下七个层次。

- 知识工作（Knowledge Work）：指知识工作者的各项活动，如写作、分析和建议等，是由组织中的各个领域的知识专家来执行的。
- 知识职能（Knowledge Function）：捕捉知识、组织知识或提供知识的访问等支持知识流程的项目。
- 知识流程（Knowledge Process）：作为知识管理项目的一部分，知识流程是由专业小组来执行的，用来更好地产生、存储、传播和应用知识。
- 知识管理（Knowledge Management）：连接知识的产生和应用，并且促进知识组织内的学习和适应。

- 知识组织（Knowledge Organization）：知识组织产出知识产品或服务（内容、产品、服务和解决方案），使之商品化后供客户使用。
- 知识服务（Knowledge Service）：知识服务是支持其他组织的服务，产生跨部门或跨组织的协同收益。
- 社会网络（Social Network）：社会网络的作用是撬动知识工作者的内部组织能力，使得知识组织能协同产出知识。

举例来说，小王是一个知识工作者，他从事产品管理工作，是产品管理方面的专家。如何有效地挖掘类似于小王等产品管理专家的知识，并且使得这些知识能够互相分享，而分享后的知识能有效地存储并反馈给其他的人去重复利用，这些活动都需要用知识职能项目来规范运作。那么怎样才能规范运作呢？通过知识流程可以使得组织成员知道我们应该怎样去做，例如我有好的知识想去分享，应该通过什么平台？有怎样的标准才能达到很好的效果使得他人能够认可我的知识价值？分享后的知识应该如何存储？我应该怎样去利用他人的知识点？还有我分享或贡献知识后会得到哪些好处等，这些问题都可以通过知识流程来说明。

虽然知识流程可以解决大部分问题，但是总有些问题是我们没有涉及的，这时就需要我们的知识管理项目了。知识管理是一个比较宏观的概念，但知识管理的一般原则是处理例外情况，即知识流程处理不了的情况。所以，我们也应该有一套机制能及时地完善知识流程，使得它说明和处理问题的能力越来越强，例外情况越来越少。

当知识管理达到某一个层次，知识项目会产出有效的知识服务组件或创新性的知识产品。这些知识产品可以支持其他组织的服务，例如知识库或跨部门的专家服务，从而产生巨大的协同效应。

社会是人类赖以生存和发展的基础，因为人是社会化的群居动物。专家总是喜欢跟同领域的其他专家在一起相互讨论、共同进步，而且他们也会在相互交流中得到彼此的认可。因此，如果营造一个社会网络环境，能使得员工得到社会的认可度越来越高，员工是非常乐于参与到这个社会网络平台中进行知识交流的。反过来，这个平台又使得知识不断叠加增值，从而产生新的知识，这与著名学者野中郁次郎提出的知识螺旋理论相适应：知识只有被社会化后才能持续的演进。

## 案例 2.4　华为与 Xpress Money 合作的知识服务

**案例背景**

2017 年，华为技术有限公司（以下简称"华为"）与全球即时汇款品牌 Xpress Money 建立合作，以便向世界各地的无银行地区提供移动金融服务，着重面向非洲地区。

Xpress Money 是总部位于英国的全球即时汇款品牌，在超过 165 个国家拥有近 20 万个代理点，每天为数以千计的用户提供简便安全的转账服务。Xpress Money 与华为的合作将其与华为移动金融服务平台连通起来，该平台为发展中国家提供基础的银行交易业务，在智能手机和普通手机上都适用。合作后 Xpress Money 的用户可以使用此项服务进行水电费、学费、贷款、保险、银行业务等线上或线下的支付活动。

非洲地区是移动货币业务的主要市场，Xpress Money 有广大的客户资源，而华为也约有 1 亿个移动金融用户（全球约有 5 亿个移动金融用户，华为占比约 20%）。这项合作能给华为的非洲用户带来更便捷、更优惠的服务，也能提升 Xpress Money 在非洲无银行地区的金融服务质量，因此这是一次强强联合。正因为这个合作的开展，华为在短时间内就与包括肯尼亚、加纳、尼日利亚、津巴布韦在内的十个非洲国家的公司建立了移动货币合作。

**案例分析**

华为与 Xpress Money 合作的移动金融服务是一次强强联合的知识服务输出，他们之间不仅仅是客户资源的互换，更有项目资金流、人员流、物资流、商品流和信息流的合作，这也就是我们上面提到的：知识产品可以支持其他组织的服务，产生跨组织的协同收益。

知识管理的发展历史反映了知识管理的四个方面：产生、存储、传播和应用，如图 2-8 所示。

另外，个人的知识和专业技能已经成为积累个人财富和提高生产能力的必要条件。企业的管理和运作模式也在转变为以知识管理为导向——从基于交易转变到基于知识。

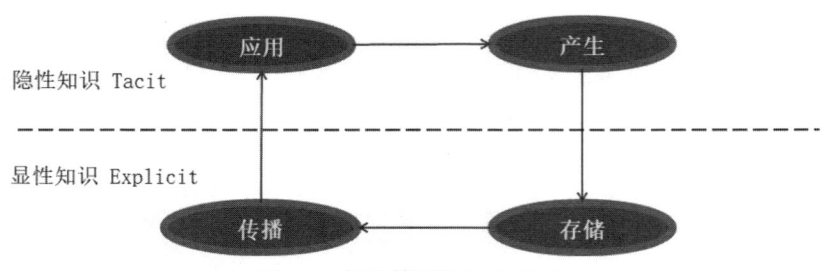

图 2-8　知识管理的四个方面

## 2.3　知识螺旋

知识螺旋是由野中郁次郎于 1989 年在《知识创造的企业》这部著作中首度提出的，组织动员个人的内隐知识，经由四种知识转换模式在组织内部加以扩大成为较高层次的知识本体，知识转移与创造的过程强调隐性知识的交换，如图 2-9 所示。

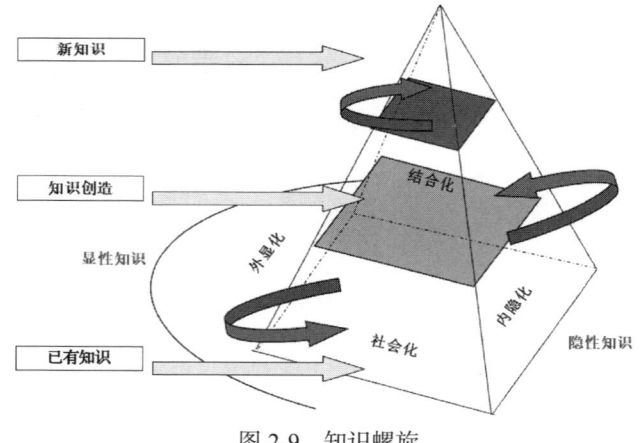

图 2-9　知识螺旋

这是知识创新所呈现的螺旋上升的过程。通过各种方式将本属于个人的知识变为员工的知识的过程，即隐性知识向显性知识转变，显性知识通过知识管理工具进行加工、整理、总结，变为另一种更加容易获取的显性知识，员工学习显性知识后将其变为自己的隐性知识，从而提高个人的知识与技能。知识螺旋随着个体知识的组织化而不断增大。知识起始于个体，通过人与人之间、部门与部门之间的交互作用而不断增多，使个人知识在组织范围内拓展并使之具体化，进而转化为组织内的知识网络体系的一部分。

知识螺旋的过程：社会化→外显化→结合化→内隐化。

**社会化**：新的想法通常来自个人的灵感，讨论、模拟、实验等方法可以帮助人们产生各式各样的灵感火花。在此过程中，知识的交流通常是一种隐性方式，参与交流的企业员工之间大都具有共同的经验、心智模式以及相似的观点，因此知识社会化在这里起主导作用，一种创新性想法的诞生通常来源于知识的社会化过程。在这方面，需要强调的是建立一种信任关系和创建人员沟通网络。

**外显化**：为了最终决定什么想法能够得到继续和发展，企业的有关部门和人员需要能够理解这个想法所蕴含的基本思路和方法，因此必须将这种隐性的想法明晰化，否则拥有这种想法的人很难与特定人员之外的人进行沟通并被理解，因为他们通常具有不同的心智模式，并且使用不同的"语言"。

也就是说，这个想法应该能够外显化为一种明确的概念，这个概念可以是字面的描述、原型、试验等。这样，这个想法就能够一步步得到证实并最终成为一种发明。在这方面，需要有正式的结构、方法和工具来支撑隐性知识的外在化，尤其需要强调的是建立一种标准的"共同语言"，因为不同部门、员工的"功能语言"也像方言一样，阻碍了知识的理解和交流。

**结合化**：为成功实现产品的商品化，需要一种方法将企业已有知识和伙伴知识有效地整合起来，这就是知识的结合化过程，有效地将知识整合对于最终开发出一个有市场价值的产品起着非常重要的作用。在这方面，应该保证贯穿整个组织的人员能够及时得到需要的知识，因此正式的知识网络和结构化的知识地图就显得尤为重要。此外，由于知识还需要跨组织整合，因此也应该实现和供应商、分销商、广告代理商等之间的知识交流。企业内部网和互联网提供了知识结合化的基础环境，而其他如内容管理系统、协作系统则提供了实现结构化知识和知识协同的有力工具。

**内隐化**：我们说，对问题的意识或灵感的火花是建立在已有知识和经验的基础之上的，在产生一个创新性的想法之前，知识的内隐化过程就已经发生，它是激发灵感的催化剂。为了有效地实现创新过程中的知识和经验的内隐化，相关的知识就应该得到有目的的分享，因为信息和知识过载通常会干扰一个人的知识积累，因此学习过程必须得到正确的理解后再进行。在这方面，需要明确的问题包括什么是最有效的学习工具、员工应花多少时间用于提供知识以及学习和消化知识等问题。

### 案例2.5　蚂蚁金服的螺旋发展史

#### 案例背景

传统银行业务被总结为"存贷汇"，"存"即存款，"贷"即贷款，"汇"即汇款结算。虽然各银行机构的业务品种不断增加，但万变不离其宗，"存贷汇"依然是银行的主要业务，并且随着客户需求的变化而不断与时俱进，始终为商业而服务。

2000年以后，我国电子商务开始盛行，实际上其使用了很短的时间加上电子商务本身的商品交易，便将"商—存—贷—汇"的演进过程又重演了一遍。我国电子商务出现于2000年前后，最先以B2C平台为主，而后出现C2C平台，2003年淘宝网成立，对C2C模式加大推广力度。这是一种借助互联网技术的商贸业务（商），但与传统银行业务一样，起初的支付并不方便，主要存在信任问题。早期通行的远程支付方式主要是银行或邮政汇款，当时C2C平台尚未接入网银支付。汇款方式面临的最大问题是买方若先汇款，则会承受一定的风险，有可能钱货两空。因此，如果支付难题不能得到解决，就会制约C2C平台的发展。为此淘宝网推出支付宝业务，即买方先将货款付给支付宝，支付宝代为保管货款并通知卖方发货，买方收到货物确认无误后通知支付宝将货款交付给卖方，这个做法很好地解决了C2C交易中的信任问题（汇）。

支付环节的信任问题解决后，C2C交易获得了较快的发展，淘宝网及其他交易平台的交易量快速上升，成效显著。后来，阿里巴巴（即日后成立的蚂蚁金服）发现，交易中留存在账户中的资金越来越多，有点类似"存款"业务（存）。监管层也担心资金安全的问题，因此给予严格监管。同时留存下来的除了资金，还有客户的交易信息和其他信息,这样有助于判断这个客户的行为习惯和风险情况,于是放款业务应运而生。蚂蚁金服旗下成立了小额贷款公司,开始在互联网上开展小额贷款业务,这是我国最早的线上放款业务(贷)。

 **案例分析**

通过上面的案例,我们可以看出,蚂蚁金服的"商—存—贷—汇"业务的演进过程与自然演进的案例有所差异,这主要是由于监管层的要求而形成的。蚂蚁金服自己并没有成为一家金融公司,而是按照监管要求,另外设立符合监管标准的金融业务组织(包括银行、小额贷款公司等)。但是,"商—存—贷—汇"业务演进的逻辑是十分清晰的。

这也如同前面我们所说的知识螺旋,"社会化→外显化→结合化→内隐化"的螺旋上升才能实现显性知识与隐性知识的相互转化和知识转移与创造。因此,无论是"商—存—贷—汇"的银行业务螺旋,还是"社会化→外显化→结合化→内隐化"的知识螺旋,都在不断循环迭代发展,我们要把握其发展规律,才能事半功倍。

结合前面我们所说的 DIKW 模型,来看组织知识的显性与隐性之间的转化。企业的知识包括显性知识和隐性知识两大类。显性知识表现为项目文件、电子课程等可以外显传播的知识;而隐性知识则是隐藏在员工头脑中的知识。因此,显性知识资产表现为组织过程中的有形资产,是可以加以传播利用的;而隐性知识资产可以对应到企业的人力资产,也就是组织中知识工作者的知识资产。

从管理的角度来看,知识管理涵盖了数据管理、信息管理、知识社区管理、专家管理等多个领域,因此知识管理是一个交叉学科,不是单一的技术。如果将 DIKW 与组织的知识关系相对应,则知识和智慧可以分到隐性知识资产中,数据和信息可以分到显性知识资产中。

同时,知识的形成又可以细分为认知、理解、行动和技能四个层面,这对个人和组织的知识管理的探究都是非常重要的。例如，当我们参加了一次培训，我们开始对老师传递的知识产生认知，如果从总体学习的效果来看，认知只是掌握总体知识量的 10%。通常如果对认知的知识试着复述或书面总结，会产生更好的理解，到这个层面，会掌握总体知识量的 20%。如果我们在工作实践中运用了所学的知识，那么知识的掌握程度会进一步加深，能达到总体知识量的 70%。这就是学习的"1-2-7"法则。试想我们的学习经历，往往是老师讲完之后当时听得还可以，达到认知层面了，但是由于不再深入的理解和在实践中运用，一般半个月后就全忘掉了。所以我们应注重互动实践，从而产生从理解到运用的升华，强化我们的学习效果。

智慧分为洞察和预见两个层面，这是更为高级的知识阶段，是我们运用技能在工作的实践中探索事物的内在规律、把握事物的发展方向，从而产生"以所见知所不见"的预见性。俗语所说的"熟能生巧，巧能生金"即说明了技能和智慧的关系。

## 案例 2.6　"信联"实现征信业的智慧升级

###  案例背景

《银行业产品管理实战精析》一书中曾提到过"百行征信把握市场化风控之源"的案例，说到"百行征信"，大家并不陌生，但你知道它还有一个江湖俗称叫"信联"吗？

时间追溯到 2017 年 11 月 24 日，在中国互联网金融协会的牵头下，8 家个人征信试点机构——芝麻信用管理有限公司、腾讯征信有限公司、深圳前海征信中心股份有限公司、鹏元征信有限公司、中诚信征信有限公司、中智诚征信有限公司、拉卡拉信用管理有限公司和北京华道征信有限公司参与，共同成立了市场化个人征信机构，俗称"信联"。

"信联"的成立是为了填补中国人民银行征信中心未能覆盖到的个人客户金融信用数据的空白，通过构建国家基础性信用信息数据库，实现了行业的信息共享，从而有效地降低了风险成本。

"信联"的成立带来的最显著的影响就是打破征信市场的"数据孤岛"现象。随

第 2 章 知识管理体系

着互联网金融市场的发展，基于大数据、云计算的征信系统逐步受到重视，同时，建立于互联网企业基础上的征信机构越来越多，其中包括芝麻信用、腾讯征信等民间信用机构。但是，这部分征信机构受商业利益因素的影响，各自构建了自有征信数据库，相互间以邻为壑，从而形成了"数据孤岛"。"数据孤岛"的存在会降低征信机构的工作效率，同时也会使得各个征信机构的征信数据存在一定的局限性。

 案例分析

就像上面案例中所说的，"数据孤岛"本身对整个社会而言会产生巨大的交易成本。就像铺铁路一样，合力铺设，大家都可以用。但是如果铁路不同轨，信息不互通，不仅浪费了大量的资源，而且会产生巨大的交易成本。"信联"的出现可以让这些散落在各地的"铁路"形成网络，构成中国金融行业一个强有力的金融基础设施，带动中国金融业走向新天地。

这也与前面我们所说的数据需要整合才能产生有用的信息一样，而信息相互连通才能形成体系化的知识，知识的融会贯通才能形成有洞见的智慧。"信联"通过消除征信业的"数据孤岛"，由信息到知识再到智慧，实现了征信业的智慧升级。

## 2.4 知识六分法

认识论已经有 2000 年的发展历史了，认识论认为对事物进行分类并加以概括就形成了知识。然而我们要检验的不仅是个人自身拥有的知识，还有其他人的知识。这就需要使用一种简单易行的检验方法，这种方法不仅要能检验个人如何将外部信息转化为自己的知识，也要能检验组织拥有的信息，以及产生知识、分享知识和获取知识的整体组织环境。所以，接下来讨论的"知识六分法"可以对知识的创新、使用和分享进行更深入的研究，也更能全面地理解知识在组织中的重要价值。

Know-how（知道如何做的知识）：如何完成工作？也许在组织程序中可以找到

答案。但是在实际工作中往往只有在人的头脑中才能找到答案（即隐性知识），每个人都知道，但不容易用语言表达出来。例如，不管完成什么工作（如召开会议），都要求人们采取一系列有序的步骤，但是很少有人会把会议过程记录下来，因为我们都有这样的感觉——认为大多数人知道该怎样做。我们也许认为雇佣员工是要看他过去是否具有从事某项工作的正式资格。然而事实上，判断一个人是否适合某项工作的真正标准是他的个人经历及其具备的"Know-how"。

在竞争优势方面，很难定义公司的"Know-how"。但是有一点是肯定的，那就是这种"Know-how"很难用文字记录下来，也不能轻易从其特定条件下带走，将其复制到另外一个地方。

**Know-who**（知道谁能做的知识）：遇到问题时该问谁？假设重要的"知道如何做的知识"只存在于个人的头脑中，那么寻找到合适的人就成了关键的问题。例如，当工作遇到问题时，首先应该向谁咨询？知道谁能做的知识就是"Know-who"。

因为组织的文化和规模各异，利用资源找到咨询的对象在有些组织中是件容易的事（可以查询通讯录给某人打电话），而在有些组织中却很难（没有相应的体系，有的组织因为采用了职能式管理方法，本工作小组的同事互相了解，而他们几乎无法接触到小组以外的专家）。知道谁能帮助完成哪项工作，可以大幅度提高组织绩效。相反，不具备这种知识会大大阻碍组织的发展，最糟糕的是有时甚至要重新开始或者重复繁重的工作。

和其他类型的知识一样，是否具备"Know-who"取决于你的理解能力，具体表现为理解组织的准则，知道应该具备哪种技能或能力，清楚组织内部运用知识的具体环境。实现这一个目标，要依靠个人的网络、利用资料库或专家目录。既然绝大部分的组织知识存在于个人的头脑中，如何获得"Know-who"就应该成为每项知识管理规划的首要任务。

这种知识可以带来巨大的利益。一家有50人左右的咨询机构，他们曾经派出一个团队到俄罗斯为该国政府做一些咨询工作。工作结束以后，公司开始编制员工专业技能目录。当这份专业目录正式投入使用后，他们才发现自己公司内部就有一名

## 第 2 章　知识管理体系

俄语说得很流利的员工，而当时并没派他去俄罗斯。这样不仅花费了昂贵的翻译费用，更重要的是还丧失了与客户进行更加有效合作的机会。

**Know-why**（知道为什么的知识）：为什么要做某项工作就是"Know-why"的知识，"Know-why"知识在组织中对应着背景知识，这包括组织内部的工作环境（Context）、目标设想（Vision）、价值体系（Value system）和使命感（Sense of purpose）等。所谓的背景知识，是指要求按照客户认为正确的方法工作，而不是恪守一种固定的工作程序。从广义上来讲，要与组织的整体理念——工作任务和目标设想保持协调一致。

大多数人愿意加入或留在与自己的个人信仰和生活目标大体一致的组织中。对于组织而言，向员工、客户和股东宣传其立场和工作准则已经变得越来越重要了。另外，企业应将自身的发展目标明确地告知员工，以确保员工的努力和企业目标及企业精神保持一致，这是组织成功的重要条件。

那么，如何才能使得员工努力与组织理念保持一致？讲故事（Storytelling）的方法能发挥重要作用。在组织内经常讲述与公司有关的故事，可以使新老员工加深对公司的认识，明白如何使自己融入公司，哪些行为是可以接受的，哪些则是不可以接受的。

**Know-that**（直觉知识）：员工凭直觉判断问题的能力如何？这是一个认知能力的问题，认知能力代表能够接受的事实和经验，这种事实可能是通过正规渠道获得的，比如接受培训、正规教育等。例如，一名熟练的修理工，可以本能地判断出哪一个部件出了问题。"Know-that"最容易在相同职业的人群中表达和理解。例如，科学家、工程师或者医生都有专业术语和专业伦理准则，这些不可能在整个组织中普遍流行，但是在他们的专业团体中非常重要。

**Know-when**（知道什么时间的知识）：应该什么时间做，不应该什么时间做，这是一个时间概念问题。例如，在股票市场中，当其他人都在抛售股票时，经验丰富的股票交易人会买进股票。正如巴菲特所说："在别人贪婪时恐惧，在别人恐惧时贪婪。"这种"Know-when"的能力会使他们的业绩超过其他同行，有些企业则能准

确地确定兼并其他企业和战略性进入市场的时机。

**Know-where**（知道什么地点的知识）：哪里能找到自己所需要的东西呢？要知道这个答案，就必须具备以下知识：基本的信息管理技巧和运用工作单位特有的或组织普遍拥有的信息的知识。在投标过程中，"Know-where"能获得重要信息，或者能够判断何时会出现问题，这对提高组织绩效和客户满意度具有重要作用。

下面，我们通过三个案例来看一下银行业对于"知识六分法"的应用。

## 案例2.7　支付宝缘何紧缩趣店流量

### 案例背景

趣店原来叫"趣分期"，成立于2014年3月。趣店挖到的"第一桶金"来自校园贷的高速扩张时期。在2016年4月银监会联合教育部发布了《关于加强校园不良网络贷款风险防范和教育引导工作的通知》后，9月趣店就宣布退出校园分期购物业务，转为分期购物平台。

在趣店成立后的前三年中有两年是亏损的，其完全依托支付宝用户导流才得以生存下来，但面临生存危机。而就在2017年年底，有网友在雪球网上发帖称，支付宝页面收紧了对趣店的导流，一部分账户的"第三方服务"页面无法显示趣店的分期业务"来分期"。"来分期"本应出现在支付宝"最近使用"的主页面，如今却被隐藏，这样会导致其损失大量用户。

蚂蚁金服官方人士表示，个别用户反馈的趣店入口不可见的问题，可能是由于系统"算法优化"导致的。趣店是蚂蚁金服开放平台上的合作伙伴之一，双方合作关系并没有变化。

### 案例分析

这是一个关于"Know-where"的案例。趣店在支付宝的入口位置不同，决定了用户流量的不同。而对于一家靠用户导流才得以生存的机构来说，"Know-where"的知识可谓"生命攸关"。

## 案例 2.8　微信支付用户"养肥"了，难道就要收费

**案例背景**

对于使用微信支付的老用户来说，大概都会记得其早期曾有过免费的黄金岁月：提现免费、信用卡还款免费。而这个黄金岁月终结于 2017 年 12 月 1 日，当天微信支付宣布，对每位用户每个自然月累计信用卡还款额超过 5000 元的部分按 0.1%进行收费（最低收取 0.1 元），不超过 5000 元的部分仍然免费。此次调整收费政策令不少用户感到事出突然，让习惯通过微信支付完成信用卡还款业务的用户一时摸不着头脑。那么，微信支付是出于何种原因突然选择收费的呢？

实际上，微信信用卡还款的业务流程主要有三个环节：一是用户将还款金额支付到财付通；二是财付通将还款金额支付给该信用卡所属银行；三是由银行为用户恢复信用卡额度。其中第一个环节会产生快捷支付通道手续费，如果用户通过储蓄卡支付，则财付通根据还款金额支付给银行相应的快捷支付通道手续费。如果用户通过零钱支付，则财付通会在零钱转入账户时支付相应的快捷支付手续费成本。

从上面的业务流程分析中可以看出，随着微信支付的用户数量增多、交易额增多，财付通所需要承担的支付费用也越来越多。马化腾曾在先前的公开场合表示，微信支付的成本为千分之一，公司每月需要补贴超过 3 亿元的费用。

**案例分析**

这是一个关于"Know-why"的案例。对于习惯使用微信支付的用户来说，都会关心为什么会突然收费。而通过上面的分析就不难看出，如果没有上述微信支付收费政策的调整，财付通需要为微信用户补贴的费用就会越来越多。为了适当平衡成本和实现可持续发展，这种调整是必然的。唯有如此，才能实现行业成长、多方共赢。

## 案例 2.9　百度走金融科技服务实体经济的"群众路线"

### 案例背景

2016 年，国务院印发《推进普惠金融发展规划（2016—2020 年）》，首次提出普惠金融发展的五年期规划，因此，近几年我们可以看到普惠金融在我国的蓬勃发展。但普惠金融有一个难题一直没有得到解决，那就是金融资本容易"嫌贫爱富"。

对社会而言，金融自始至终都是社会的血液，融通资金，功能亘古未变。但其"嫌贫爱富"的本性也如磐石般坚固。例如，银行总认为贫穷的人风险更高、富有的人还款意愿更强，所以金融机构愿意放贷给富有的人。然而实体经济却是由千千万万个富有和贫穷的人共同组成的，贫穷的工人、农民同样有金融需求。

关于这个问题，百度官方曾表示，金融科技要服务多层次实体就要具备以下三个要素：一是理念普惠，帮助更多需要服务的人；二是做好风控，人工智能（AI）推动风控技术的发展，是金融科技最核心的能力；三是强强联合，与银行合作发挥金融科技的撬动作用，携手更多资金方，共同为实体经济提供服务。这正是响应了"群众路线"——经营风险、造福实体、团结大家和服务群众。

百度并不是说说而已。以近年来百度金融推出的为职场新人提供的培训教育贷款产品为例，如果把刚入职场的年轻人作为一种风险投资的话，他们所欠缺的就是一笔启动资金，也就是 A 轮融资。那么金融科技能识别出一个人未来的投资价值吗？是否存在投资风险？是否具有长久的成长性？爱学习与有上进心的人总不会太差，金融科技通过大数据用户画像进行标签，识别出爱学习、有上进心的人，也就是识别出培训教育贷款产品的目标群体。

百度金融为参加职业教育的学生提供较为优惠的贷款利率，申请流程可以做到秒批，同时可以保持持续健康地经营，识别学生的风险、甄别教育机构的质量，借助金融科技的支持践行普惠的"群众路线"。

> **案例分析**
>
> 这是一个关于"Know-who"的案例。像百度金融这样的互联网机构,走金融科技服务实体经济的"群众路线"不同于银行的模式。银行遵循的是帕累托原理(二八定律),也就是更青睐掌握80%社会财富的20%少数富人。
>
> 而互联网金融机构利用大数据用户画像控制风险,甄别不合格贷款用户,并向合格贷款用户定向发放贷款。正因为有了大数据用户画像等金融科技手段的支持,百度金融才有信心将贷款发放给弱势金融群体,才能在金融服务实体经济的路上坚持"群众路线"。

## 2.5 六大知识领域

当前的组织越来越注重合作效率,越来越注重个人、团队与组织的协同发展。随着协作成本的下降,导致企业边界不断被重构。如同经济学家罗纳德·科斯在《企业的性质》一书中指出的,组织之所以能存在正是因为其能降低市场的"交易成本",而项目团队之所以能存在也是因为其能降低组织的"交易成本"。进一步延伸来看,现在越来越多的个人作为一个独立团队存在于组织中的合理性,也正是因为其能降低团队的"交易成本"。

从组织边界的角度来划分,知识管理的六大知识领域包括项目数据管理、项目信息管理、项目知识管理、组织知识管理、个人知识管理和个人智慧提升。六大知识领域的主要内容如下所述。

- **项目数据管理**:没有卓有成效的数据管理,就没有成功高效的数据处理,更建立不起来全组织的信息系统。而原始的数据往往来自一线项目团队,就如同任正非所说的"让听得见炮火声音的人指挥战斗"。因此,良好的项目数据管理是组织信息与知识的基础。

- **项目信息管理**：一个成功的决策，等于90%的信息加上10%的直觉。团队和组织无时无刻不在面临选择，而成功选择的背后是高效的信息管理，因为信息能减少产品或项目流程中的不确定性，增加组织成功的可能性。
- **项目知识管理**：项目知识管理包括项目知识库、知识需求管理、项目人员技能管理等多个方面。项目知识的获取凭借的是知行合一，以项目实践的"行"与项目经验的"知"形成双循环学习，从而达到知识螺旋的不断升级。
- **组织知识管理**：组织知识管理本质上是一种变革，包括理解变革目标、明确组织反应、规划变革愿景、规划变革实施、持续改进实现收益。在变革过程中，组织知识管理包括文化构建和平台搭建两个部分。知识管理平台由知识库、知识社区、知识地图、专家系统等模块组成。
- **个人知识管理**：每个人有着不同的个性，不同的个性会影响个人知识的获取方式和能力，这对注重特质的新生代个体尤为重要。也就是说，每个人需要根据自身特质寻求适合自己的知识管理方法。在个人知识管理层面，共有六种知识人：收集知识人、联结知识人、沟通知识人、创造知识人、批判知识人和消费知识人。
- **个人智慧提升**：智慧是以"所见知所不见"的洞见。这种洞见的产生，不仅仅需要人有相应的知识结构，更需要有志同道合的知识圈子。"兼听则明，偏听则暗"，在我国圈子文化对人的发展尤为重要。个人智慧提升就是通过知识结构的搭建，从而能够融入更高层次的知识圈子，进而有更高层次的知识视角的获取，然后进入更高一级的圈子中。这两个循环，一个是知识螺旋循环，一个是社交圈子循环，两者在个人智慧提升中都起到了不可替代的作用。

这六大知识领域与先前所说的 DIKW 有紧密的对应关系，其中项目数据管理对应数据层（Data），项目信息管理对应信息层（Information），项目知识管理、组织知识管理、个人知识管理对应知识层（Knowledge），个人智慧提升对应智慧层（Wisdom）。六大知识领域相互影响、互为依赖，并且呈螺旋上升发展状态，如图 2-10 所示。

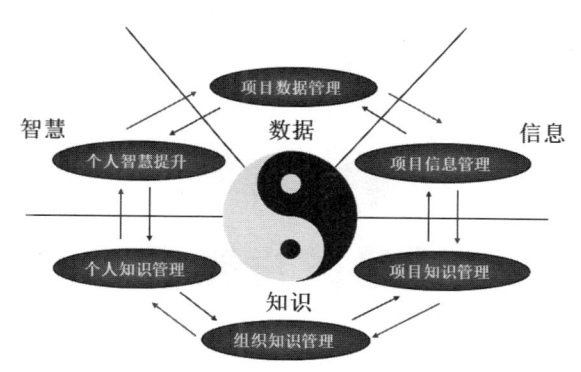

图 2-10　知识管理的六大知识领域

本书的内容框架也会围绕以上六大知识领域来讲解，并列举银行业实战案例来加以说明。

# 第3章 项目数据管理

## 本章内容

- 项目数据管理概要
- 项目数据管理计划
- 项目数据管理应用

## 本章案例

- 案例 3.1　Mint 的数据共享模型
- 案例 3.2　花旗银行的金融科技融合
- 案例 3.3　BBVA 的云金融转型
- 案例 3.4　数据管理使 CBW 涅槃重生
- 案例 3.5　"新零售"新业态
- 案例 3.6　内地版"八达通"是否有望实现
- 案例 3.7　"刷脸"证明"我是我"
- 案例 3.8　中国工商银行的信用卡场景化 3.0

美国数据管理专家威廉·德雷尔曾说过:"没有卓有成效的数据管理,就没有成功高效的数据处理,更建立不起来全组织的计算机信息系统。"项目数据管理是标识和控制数据项,以维护其完整性、可跟踪性和正确性的学科。项目数据管理的核心功能包括版本控制和变更控制。项目数据管理的目的是模块重用和统一管理。

## 3.1 项目数据管理概要

### 3.1.1 项目数据管理的概念

项目数据管理的要素包括数据项、里程碑、基准、受控库、基准库和产品库六个部分。

- **数据项**是项目生命周期内相对独立的实体或文件。
- **里程碑**是项目过程中通常所说的"阶段",如果说它们之间有区别的话,那么"阶段"强调的是过程,而"里程碑"则强调过程的终点和终点的标识。这些阶段可以是需求分析阶段、概要设计阶段、详细设计阶段或开发阶段等。
- **基准**是项目过程中最重要的里程碑。基准强调的是项目阶段到达里程碑时的结果和内容。例如,功能基准是经过评审和批准的需求规格说明书;产品基准是经集成和确认测试后,经正式审批后可以交付给客户的产品的全部数据项(包括产品实体和所有相关文件)。

  在一个项目阶段结束后,要对相应的数据项进行基准化并形成各类基准。基准就是一个数据项(或一组数据项)在其生命期的不同阶段完成时,通过评审而进入受控状态的一组文件和成果实体,这个过程被称为"基准化"。每个基准都是其下一步开发的基点和参考点,它都将接受数据管理的严格控制。因此,基准必须通过评审过程建立,存储于基准库中,接受更高权限的控制,是进一步开发和修改的出发点。
- **受控库**是项目过程中修改权限受到控制的文件库和成果库,其中包括基准库和产品库,特别是产品库的修改权限将受到严格的控制。即便是授权修改的工作人员,在修改前也必须得到批准。
- **基准库**是受控库中一些特别重要的库,如需求(基准)库和产品(基准)库。
- **产品库**是存放最终产品(即产品基准)的库。基于它的重要性,对它的修改将受到特别严格的控制。产品基准是最初批准的产品配置标识。

## 案例 3.1　Mint 的数据共享模型

### 案例背景

Mint 是美国的一个免费的在线个人财务管理服务网站，在美国，目前有超过 2000 万名用户注册使用，如图 3-1 所示。

图 3-1　Mint 网站

用户通过授权就可以在 Mint 网站里实时管理自己所有的金融账户，包括储蓄、房贷、车贷、信用卡、学生贷款、退休金和股票等账户。该公司已经和美国 99% 的金融机构签订了数据合作共享协议。

通过一站式数据归集，Mint 还能提供消费分析、财务规划和账单支付等增值服务，为用户提供了极大的便利。

### 案例分析

Mint 的数据项是和美国 99% 的金融机构签订数据合作共享协议后获取的，通过金融数据共享的商业模型，实现了类似 Mint 的金融创新，数据价值得到提升。这样，不仅能留住老用户，也能吸引新用户，为用户提供更多的增值服务。

## 3.1.2 项目数据管理介绍

项目数据管理是标识和控制数据项，以维护其完整性、可跟踪性和正确性的学科。项目数据管理包括以下四个方面的内容。

- **标识**：识别产品的结构、产品的构件及其类型，为其分配唯一的标识符，并以某种形式提供对它们的存取。
- **控制**：通过一定的机制控制对数据项进行的修改。
- **状态报告**：记录并报告数据项以及元数据的状态。
- **配置审计**：确认产品的完整性并维护数据项间的一致性。

从上面的描述中我们可知：数据管理的基本单位是数据项，包括以下三个要素。

- **从哪里来**：此项可以归结为 3W 的问题，谁（Who）创建的？什么时间（When）创建的？为什么（Why）创建此数据项？
- **当前在哪里**：记录数据项当前的存储位置以及状态。
- **将到哪里去**：通过数据控制来把数据项"组装"到正确的版本中去。数据项可以是文件级颗粒度的，也可以是文件版本级颗粒度的。颗粒度越小，管理的成本越高，但是数据管理的精度也就越高。

## 案例 3.2  花旗银行的金融科技融合

### 💰 案例背景

花旗银行作为一家有着百年历史的国际大银行，却对金融科技（Fintech）显示出其灵活进取的积极一面。花旗银行在 2015 年专门成立花旗金融科技部门（Citi Fintech），大力推进 Citi 孵化器，举办花旗香港金融科技大奖赛（Citi Hong Kong Fintech Challenge），成立专门的风投基金（Citi Venture），积极投资金融科技创新企业。花旗银行在五年内投资了八大类共 23 家知名金融科技创新企业，其中包括 R3、DAH、Kensho、Betterment、Plaid 和 Chain 这些大名鼎鼎的金融科技企业。花旗银行因此被 CB Insight 评为美国 10 大银行对金融科技分类投资的榜首。图 3-2 所示为花旗银行 API 开发接口。

图 3-2　花旗银行 API 开发接口

同时，花旗银行力推和大型金融科技企业合作，创造了"Fintegrate"的新词。Fintegrate，意味着和金融科技企业融合。2017 年，花旗银行与在线支付公司 PayPal 签订战略合作协议，花旗银行和 PayPal 的用户可以相互使用对方的网络，实现强强联手。

花旗银行在开放 API 和推动开放银行方面也是不遗余力。花旗银行在全球推出 Citi 开发者中心，开发出包括用户账户、授权、转账、信用卡、花旗点数等七大类 API。开发者既能方便快捷、搭积木般地用花旗的 API 模块"拼凑"出想要的金融应用程序，还能使用花旗银行的海量数据。借助于花旗银行的全球影响力和其 API 的开放性，Citi 开发者中心在短短一个月内吸引了 1500 位开发者。

**案例分析**

正如上面所说，项目数据管理是标识和控制数据项，以维护其完整性、可跟踪性和正确性的学科。花旗银行的数据开放战略，包括用户账户、授权、转账、信用卡、花旗点数等七大类 API，这些 API 就是数据管理中的数据接口。通过这些数据接口，开发者就能开发出相应的金融应用程序，并能使用花旗银行的海量数据。

### 3.1.3　项目数据管理的功能

项目数据管理系统的核心功能主要有六个：版本控制、变更控制、数据控制、状态报告、数据审计和文件标识。

（1）版本控制

版本，即数据标识，是指某一个特定对象的具体实例的潜在存在。这里的某一个特定对象是指版本维护工具管理的产品组成单元，一般是指产品原型或源文件，具体实例则是指项目人员从产品库中恢复出来的某产品组成单元的具有一定内容和属性的一个真实拷贝。例如，对源文件的每一次修改都生成一个新版本。

版本标识规则：<数据标识>V<主版本号>·<版本号>·<次版本号>。主版本号、版本号和次版本号都可以由 1 至 2 位的整数组成。通常，<次版本号>可以省略，因为两个层次的版本号就足以表示一个数据项的变化了。对于大型项目，其版本标识可以扩大到三层或更多的层次。

当数据项出现大的变化时（如因需求变化，导致《功能规格书》需要增加新功能时），主版本号升级（如从 1.03 升级为 2.03）；当数据项出现小的变化时（如局部的完善和修改等，一般在阶段结束时，经过评审确认后），主版本号不动，次版本号升级（如从 1.0 升级为 1.1）。

版本控制就是对在项目开发过程中所创建的数据对象的不同版本进行管理，保证任何时候都能获取到正确的版本以及版本的组合。

（2）变更控制

变更控制是通过对变更请求（Change Request，CR）进行分类、跟踪和管理的过程来实现的。

变更的起源有两种：功能变更和缺陷修补（Bug-fix）。功能变更是为了增加或者删除某些功能；缺陷修补则是对已存在的缺陷进行修补。对变更进行控制的机构称为变更控制委员会（Change Control Board，CCB）。变更控制委员会要定期召开会议，对近期所产生的变更请求进行分析、整理，并做出决定，而且要遵循一定的变更机制。

下面是一个典型的变更机制。

- 接收变更请求。

- 变更控制委员会评估。
- 接受或拒绝变更。
- 如接受变更，则修改数据项。
- 测试数据项。
- 提交数据项。
- 发布新版本或补丁。
- 建立基准。
- 关闭变更请求。

## 案例 3.3　BBVA 的云金融转型

### 案例背景

BBVA 是一家有着百年以上历史的西班牙银行，主要在西班牙和拉丁美洲开展业务。这家银行从 2015 年就开始积极进行云金融的转型，并在全球范围内投资和收购创新互联网移动银行，以弥补自身的不足。BBVA 先后以 1.7 亿美元收购了 SIMPLE，以 1 亿美元收购了 Holvi，以 1.1 亿美元收购了 Atom。

BBVA 的转型并不仅限于收购，它想把自己打造成一家云金融（BaaP）的平台型银行。2017 年，BBVA 开放了八大类 API，成为全球第一家以商业化运作开放 API 的银行，任何客户都可以调用和开发它的 API，根据使用服务和数据情况付费。例如，在线电商可以在客户购买电器的支付页面调用 BBVA 的借款 API，这样客户就能方便地使用 BBVA 的借款服务。如果客户恰巧是 BBVA 现有客户，那么 BBVA 还能在客户授权的情况下，调用客户数据提供更为精准的贷款方案。全部的过程，在线电商只要根据服务和数据支付少许费用。

### 案例分析

实际上 BBVA 云金融转型的核心是金融数据管理，BBVA 将其数据放在云端，通过 API 进行开放共享。在数据共享和调用客户数据的过程中，其数据版

> 本的管理是关键。如同上面我们所讲的，版本控制就是对在项目开发过程中所创建的数据对象的不同版本进行管理，保证任何时候都能获取到正确的版本以及版本的组合。
>
> 可以说，正因为有了良好的数据版本控制，才有了更好的数据管理，BBVA的云金融转型才得以成功。

（3）数据控制

数据控制使用户能够通过对适当版本的选择来组成特定属性（数据）的产品系统，这种灵活的"组装"策略使得数据管理系统像搭积木一样，使用已有的积木（版本）组装成各种各样、不同功能的模型。

产品的每个版本都是一组数据项（产品原型、源代码、文件）的集合。数据控制就是要保证每个数据的完整性和精确性。例如，我们要发布产品的 3.6 版本，那么我们就要把产品原型、源代码、文件中所有应该包含到这个版本中的正确数据项检出。

在开发过程中，我们在不同阶段要建立各种基准。基准的建立是数据控制功能的典型应用。所以说，基准是具有里程碑意义的一个配置。一般的商业数据管理工具都具有数据控制的功能，只是灵活性和精确性有所差别。

（4）状态报告

状态报告要回答 4W 的问题。

- What：发生了什么事？
- Who：谁做的此事？
- When：此事是什么时候发生的？
- Why：为什么做此事？

状态报告还要能够报告所有数据项以及变更请求的状态。

（5）数据审计

数据审计要审查整个数据管理过程是否符合规范，数据项是否与需求一致，数

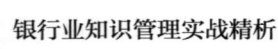

据记录是否正确，数据组成是否具有一致性等。在很多公司中，数据审计通常是一个 QA（质量保证）活动。

（6）文件标识

通常可以把一个项目文件分成三类：即管理文件、设计文件和客户文件。管理文件是项目管理过程中形成的文件，如项目立项书、开发计划、质量计划、成本计划、数据管理计划、测试计划、验收确认报告、项目总结报告等。设计文件是项目设计过程中产生的文件，如需求规格说明书、概要设计说明书、详细设计说明书等。客户文件是供客户使用的文件，如用户操作手册、系统安装手册、系统维护手册等。

## 案例 3.4　数据管理使 CBW 涅槃重生

### 案例背景

CBW（Citizen Bank of Weir）在 2009 年之前是一家坐落于美国中部堪萨斯州小镇、有着 126 年历史却毫不起眼的小型社区银行。2009 年韦尔小镇仅有 661 人，而 CBW 当时的资产规模也仅有 700 万美元。就是这么一家默默无闻的小型社区银行，经过 8 年的华丽转型，如今成为美国银行界冉冉升起的新星，也是众多金融科技公司竞相追逐的合作对象。图 3-3 所示为美国 CBW 社区银行。

图 3-3　美国 CBW 社区银行

CBW 的转机发生在 2009 年。由于受到 2008 年金融风暴打击，CBW 开始资不抵债，美国监管勒令其停业整顿。离开硅谷搬到堪萨斯州小镇的原谷歌工程师 Suresh 和他的太太买下了这家银行，开始对 CBW 进行彻底改造，使其焕然一新。Suresh

把科技业的创新精神注入这家银行，不仅把高效的数字化手段运用在银行内部运营上，而且对外开发出 500 多个 API 接口以方便合作伙伴使用 CBW 的服务和数据，全力把 CBW 打造成为服务金融科技公司的全新数位银行平台，成为美国本土第一家实现数据开放的银行。

在 Suresh 的经营下 CBW 脱胎换骨，成为美国最具有科技创新精神的银行，多次被权威机构评为"全美最创新的社区银行"。

CBW 的优势在于它既有银行全牌照，又小巧灵活、开放且勇于创新，这和大银行形成了鲜明的对比。金融科技公司在寻找银行作为合作对象时，不愿意和大银行合作的主要原因是他们决策缓慢，保守和封闭，而且非常强势。因此众多知名金融科技公司，例如 Moven，Ripple Lab，Omeny 都抢着成为 CBW 的合作伙伴。开放银行平台服务一跃成为 CBW 的重要收入来源。

### 案例分析

CBW 的优势在于它既有银行全牌照，又小巧灵活、开放且勇于创新。其核心的灵活点和创新点在于对数据的控制。

就像上面我们所说的，数据控制使用户能够通过对适当版本的选择来组成特定属性（数据）的产品系统，这种灵活的"组装"策略使得数据管理系统像搭积木一样，使用已有的积木（版本）组装成各种各样、不同功能的模型。CBW 的数据控制策略在于将高效的数字化手段运用在银行内部运营上，而且对外开发出 500 多个 API 接口以方便合作伙伴使用 CBW 的服务和数据，全力把 CBW 打造成为服务金融科技公司的全新数位银行平台。

## 3.2 项目数据管理计划

项目数据管理计划是项目数据管理中的核心部分。项目数据只有有一个好的管理计划，才能确保在后续的项目执行过程中有章可循，达到既定的目标。

那么应如何设计一份好的项目数据管理计划呢？一般说来，一份项目数据管理计划包含以下六个部分。

- 项目描述、定义、命名规则。
- 资源描述（人员和资源）。
- 数据管理活动（数据项标识、基准选择、基准建立、基准变更、基准审计、基准发布、构造产品、接口管理、版本控制、数据库的管理、数据库目录结构）。
- 备份。
- 培训。
- 附表。

## 案例3.5 "新零售"新业态

### 案例背景

自2016年阿里巴巴旗下的盒马鲜生率先尝试以来，零售新物种层出不穷：永辉、百联、飞牛优鲜、北京便利蜂、高鑫、步步高相继跟进，借助数据技术，物流业、文化娱乐、餐饮业等多元业态均与零售业态产生融合，多元零售的新形态和新物种不断被孵化出来，"新零售"战局愈演愈烈。下面我们将逐一进行分析。

盒马鲜生是一个融合"生鲜食品超市+电商+餐饮+物流配送"的"新零售"综合体，盒马鲜生希望商品在保持精品超市的品质的同时达到亲民化的价格，并以此挑战传统超市零售行业。与此同时，这种"线上+线下""超市+餐饮"的融合，意在达到"1+1>2"的效果。

不同于盒马鲜生的大型综合体超市，永辉超市从2014年就开始探索小业态精品店，以拉近地理距离的方式提升客户体验。2017年，腾讯重金入股永辉超市旗下的生鲜超市超级物种，这是腾讯在"新零售"领域迈出的重要一步。超级物种的模式是"高端超市+生鲜餐饮"，对标阿里巴巴旗下的盒马鲜生。

百联融合了"新零售"概念，客户可以通过手机App下单实现移动支付。3公里内,由百联自建物流负责60分钟内送达。门店实现超市、餐饮、书籍、音乐等多业态融合。

飞牛优鲜是大润发推出的O2O新项目。配合新上线的飞牛优鲜专属App,大润发改造了一些线下门店(如上海杨浦店)。飞牛优鲜在门店内安装了商品传送带,借此将门店和配送中心连接起来,实现快速拣货,做到"3公里内1小时,最快30分钟送达"的配送效率。

北京便利蜂创始人团队为原7-11和邻家的管理人王紫及其管理团队,结合"新零售"的概念,改革传统便利店的行业业态。主要特色为"线上+线下"销售相结合,客户可以通过手机App获取各种服务,如使用便利蜂App自助扫码结账从而减少客户排队时间等。另外一个特色是"便利店+餐饮",售卖早餐和中餐的窗口占地面积较大。

### 案例分析

从上面的案例中可以看出,"新零售"战局愈演愈烈,各家零售机构各有特色。下面我们通过商品、客户定位、支付方式、物流特点和利润估算五个方面的数据来分析"新零售"模式,如表3-1所示。

表3-1 各零售机构的数据分析

| 零售机构 | 商品 | 客户定位 | 支付方式 | 物流特点 | 利润估算 |
|---|---|---|---|---|---|
| 盒马鲜生 | 生鲜为主,每单平均优惠幅度达10% | 各个年龄段的客户都有,努力吸引年轻父母 | 必须使用盒马App支付,关联支付宝账号。超市可通过自主扫描结账 | 0运费、0起送价、3公里内30分钟送达 | 单个门店年度营业额3.49亿元,线上0.38亿元,线下3.11亿元 |
| 永辉 | 生鲜为特色,营收占比接近50% | 定位社区和白领一族 | 多种支付方式,以微信支付为主 | 满18元免运费,不满则收取6元运费 | 营业收入为21.47亿元,净利润为-9.45亿元,主要原因是租金成本和配送成本高 |

续表

| 零售机构 | 商品 | 客户定位 | 支付方式 | 物流特点 | 利润估算 |
|---|---|---|---|---|---|
| 百联 | 生鲜+餐饮 | 女性客户较多，占比70%，年龄30~40岁，独自消费为主 | 多种支付方式，无倾向性 | 3公里内60分钟送达 | 坪效约为1.12万元/坪，日营业收入为63 767元 |
| 飞牛优鲜 | 生鲜为主 | 中老年客户居多 | 多种支付方式，无倾向性 | 3公里内1小时，最快30分钟送达 | 线下门店每天平均销售1万单，客单价为130~140元，日销售额为130万元~140万元 |
| 北京便利蜂 | 便利店的商品都能在便利蜂找到，价格差别不大 | 周边的白领一族 | 收银台结账或便利蜂App自助结账 | 3公里内无起送价和配送费 | 周末单日营业额为10 520元。便利蜂的效益已经能和日系便利店相提并论了 |

结合以上数据分析，我们可以得出"新零售"的两大特征（这恐怕也是"新零售"未来的发展方向）：一是生鲜品类比较多，通过"生鲜+餐饮"模式进一步吸引客户；二是通过线上业务提升门店效益。

## 3.3 项目数据管理应用

当一个组织能够有效地实施项目数据管理后，项目数据管理的价值还可以从以下几个方面进一步挖掘。

### 3.3.1 产品开发流程

《银行业产品管理实战精析》一书中曾提到过产品开发流程可以被明确地划分为概念、计划、开发、验证、发布和生命周期六个阶段，并且在流程中有定义清晰的决策评审点。这些评审点上的评审已不是技术评审，而是业务评审，更关注产品的市场定位及盈利情况。决策评审点有一致的衡量标准，只有完成了规定的工作才能够由这一个决策点进入下一个决策点。下面是典型的产品开发流程。

- 在概念阶段初期，一旦产品组合管理团队认为某个新产品、新服务和新市场的思想有价值，他们将组建并任命项目成员。
- 项目团队去了解未来市场、收集信息并制订业务计划。业务计划主要包括市场分析、产品概述、竞争分析、生产及供应计划、营销计划、客户服务计划、项目时间安排及资源计划、风险评估及风险管理和财务概述等方面的信息，所有这些信息都要从业务的角度来思考和确定，保证企业最终能够盈利。
- 业务计划制订完成之后，先要对其进行概念决策评审。产品组合管理团队审视这些项目并决定哪些项目可以进入计划阶段。
- 在计划阶段，项目团队综合考虑组织、资源、时间、费用等因素，制订一个总体、详细、具有较高正确性的业务计划。
- 制订完成详细的业务计划以后，项目团队提交该计划给产品组合管理团队评审。如果评审通过，项目进入开发阶段。项目团队负责管理从计划评审到将产品推向市场的整个开发过程，项目团队小组成员负责落实相关部门的政策。
- 在产品开发的整个过程中，就每一项活动所需要的时间及费用，不同层次人员、部门之间依次做出承诺。

## 案例 3.6　内地版"八达通"是否有望实现

### 案例背景

用过香港八达通的人都会喜欢这个安全、快捷的支付工具。事实上，八达通是一个多用途的预付卡。这款产品虽然让人感觉过时，但仍有不少拥趸。究其原因，主要有以下三点。

一是整个香港地区支付市场的参与者只有银行卡和八达通。在跨行业支付方面，八达通"一卡在手，通行无阻"的便利性远超过银行卡。

二是八达通公司对市场进行深度营销，统一接入、优惠、积分等，商户满意度高。目前，市场上有 8000 多家不同行业的服务商旗下有超过 19 000 个零售点支持八达通付款，并且其对小商户的收费非常低。

三是监管严格，安全性有保障。八达通最初只应用于公共交通工具上，后来延伸至零售、银行、学校、医院等不同行业。2000年4月，八达通公司获得了香港金融管理局颁发的"接受存款公司"牌照，八达通在《银行业条例》的监管下，合法地将业务扩张至非交通领域。

2017年，交通运输部力推的交通一卡通横空出世。交通一卡通由顶层设计，自上而下地强力推动交通运输业这个小额快频的应用场景，不仅让人想起了20年前的香港八达通。2019年底，交通运输部实现260个地级以上城市交通一卡通互联互通，并进一步推进城市轨道交通、出租汽车、城市轮渡和市域（郊）铁路等多种出行方式一卡支付等。简而言之，基本上实现了一卡支付的快捷通行模式，如图3-4所示。

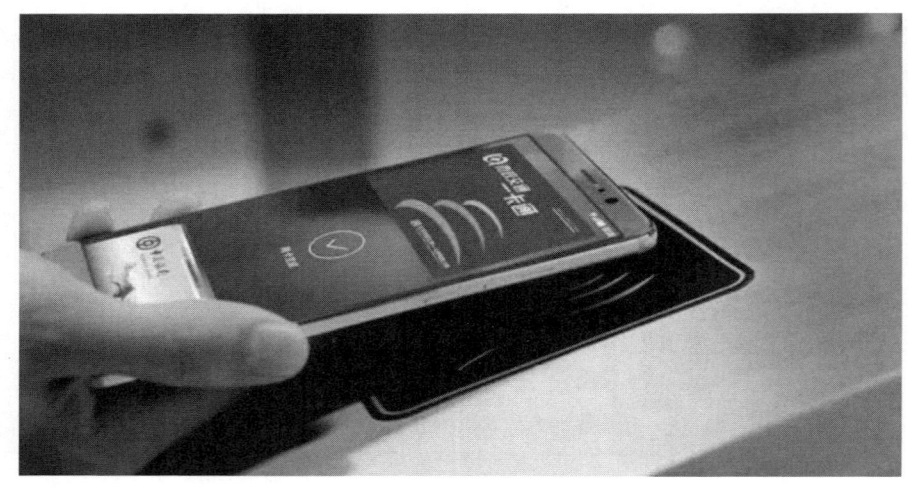

图3-4 交通一卡通

此外，在实现互联互通城市范围扩大的同时，交通运输部还新发行互联互通卡（含移动支付账户）1500万张，进一步扩大使用人群，未来在手机上也可以用一卡通。

### 案例分析

就如同前面我们所说的，产品开发流程可以被明确地划分为概念、计划、开发、验证、发布和生命周期六个阶段，其中最核心的目的还是满足客户需求、提升便利性和客户体验。

> 结合香港八达通的成功经验,如果交通一卡通具有方便的圈提、圈存功能,特别是圈提功能,再结合推广亲和力强大的手机 App,那么将能实现持卡人对用卡的自主设置,二维码、NFC 并用,联机、脱机交易并行,平时装在车上作为 ETC(电子不停车收费系统),取下可以乘坐高铁、公交、地铁、轻轨,客户黏度毋庸置疑,将来可以再逐步扩展到在加油站及交通站点购物,远期则成为全牌照的支付公司,内地版的"八达通"将有望实现。

### 3.3.2 需求模块管理

需求管理从客户、投资、市场等产品生存的外在客观环境因素来影响产品的特性和生命。包括以下三个方面。

(1)客户需求分析

没有需求就没有市场,缺乏良好、及时的市场需求是项目方向偏离和产品失败的最主要原因。$APPEALS 是目前了解客户需求、确定产品市场定位的有效工具。$APPEALS 从八个方面衡量客户对产品的关注度,确定产品的哪一个方面对客户来说是最重要的,其含义如下。

- $——产品价格(Price)
- A——可获得性(Availability)
- P——包装(Packaging)
- P——性能(Performance)
- E——易用性(Easy to use)
- A——保证程度(Assurances)
- L——生命周期成本(Life cycle of cost)
- S——社会接受程度(Social acceptance)

(2)投资组合分析

现代的项目管理理念认为产品开发应进行有效的投资组合分析。企业如何正确地决定是否开发一个新产品,以及正确地决定对各个新产品的资金分配额,就需要测定新产品的投资利润率。只有明确了投资利润率的各种静态和动态的决定因素和计算方法，企业才能对产品战略做出正确的判断和决策，进而确定产品开发的投资分配额。

企业能否有效地掌握资金投入的对策，取得好的产品资金效益，提高资金运营效率，是一个大的战略问题，也是企业业务投资组合计划的任务。尤其是经营多种产品的生产企业，要做出正确的资金投入对策，同时还必须研究产品结构，研究企业各种产品的投入、产出、创利与市场占有率、市场成长率的关系，然后才能决定如何对众多产品进行资金分配。这是企业产品投资组合计划必须解决的问题。企业组成什么样的产品结构？总的要求应是各具特色、经济合理。因此，需要考虑服务方向、竞争对手、市场需求、企业优势、资源条件和收益目标等因素。

投资组合分析要贯穿整个产品生命周期，在开发过程中设置检查点，通过阶段性评审来决定项目是继续、暂停、中止还是改变方向。通常在每个阶段完成之后，要做一次通过或者不通过的决策，以决定下一步是否继续，从而可以最大程度地减少资源的浪费，避免后续资源的无谓投入。

（3）衡量指标

投资分析和评审的依据是事先制定的衡量指标，包括对产品开发过程、不同层次人员或组织的工作绩效进行衡量的一系列指标。如产品开发过程的衡量标准有硬指标（如财务指标、产品开发周期等）和软指标（如产品开发过程的成熟度）；衡量标准有投资效率、新产品收入比率、被废弃的项目数、产品上市时间、产品盈利时间和共用基础模块的重用情况等。

## 案例 3.7　"刷脸"证明"我是我"

### 案例背景

2017 年，广州市南沙区"微警云联盟"签发中国首张"微信身份证网上应用凭证"（以下简称"网证"），即身份证的网络版或电子版。"微警云联盟"由广州市公安局南沙区分局、中国建设银行、腾讯科技等 10 余家单位发起并成立。

身份证"网证"是公安部第一研究所在国家重大项目支持下推出的身份证网上

应用凭证，同时也是广州市南沙区可信身份认证示范基地联合腾讯微信团队针对"网上身份难确认、易伪造"等难题提出的解决方案。微信身份证认证后，遇到需要出示身份证的情况，掏出手机亮出"网证"即可办理政务、住宿、购买车票等业务。"网证"已在广东省试点试行，将逐步推向全国，如图3-5所示。

图 3-5　身份证"网证"

该应用依据《居民身份证法》，以身份证制证数据为基础，通过国家"互联网+可信身份认证平台"签发与实体身份证芯片唯一对应的电子映射文件——身份证"网证"，用于手机联网验证身份证实体证件的真实性与有效性，验证过程不在互联网空间传输或存储公民隐私信息，可以为线上、线下政务服务以及旅馆业登记、物流寄递等众多要求实名制的应用场景，提供国家法定证件及身份认证服务，办事群众随时随地可以证明"我是我"。

**案例分析**

"网证"所解决的问题是"网上身份难确认、易伪造"，以及实体身份证容易丢失、不方便携带等。从前面我们所提到的$APPEALS的含义来分析客户需求，"网证"具有携带方便、安全稳定、维护成本低和社会认可度高等特点。

> 进一步分析,"微警认证"使用人脸识别技术,由 AI 人工智能系统自动比对用户身份信息、人像、身份证件的真实性与一致性,比对成功后开通身份证"网证"。实体身份证存储着一系列个人信息,包括个人生日、户口、住址等相关隐私信息。而"网证"只具备认证功能,扫码认证的商家或机构只能得到"匹配与否"的结果,因此信息被盗用的风险也更低。

### 3.3.3 产品模块管理

(1)异步开发

异步开发模式的基本思路是将产品开发在纵向分为不同的层次,如技术层、子系统层、平台层等。不同层次的工作由不同的团队并行地异步开发完成,从而减少下层对上层工作的制约,每个层次都直接面向市场。

通常在产品开发过程中,由于上层技术或系统通常依赖于下层的技术,因此开发层次之间的工作具有相互依赖性。如果一个层次的工作延迟了,将会造成整个产品开发时间的延长,这是导致产品开发延误的主要原因。通过减弱各开发层次间的依赖关系,可以实现所有层次任务的异步开发。

为了实现异步开发,建立可重用的共用基础模块是非常重要的。

(2)共用基础模块

共用基础模块(Common Building Blocks,CBB)指那些可以在不同产品或系统之间共用的零部件、模块、技术及其他相关的设计成果。由于部门之间共享已有成果的程度很低,随着产品种类的不断增长,零部件、支持系统、供应商也在持续增长,这将导致一系列问题。事实上,不同产品或系统之间,存在许多可以共用的零部件、模块和技术,如果产品在开发过程中尽可能多地采用了这些成熟的共用基础模块和技术,无疑这个产品的质量、进度和成本会得到很好的保证和控制,产品开发过程中的技术风险也将大大降低。因此,通过产品重整,建立 CBB 数据库,实现技术、模块、子系统、零部件在不同产品之间的重用和共享,可以缩短产品开发周期、降低产品制作成本。CBB 策略的实施需要组织结构和衡量标准的保证。

不管是异步开发还是共用基础模块的实现，都需要很高水平的系统划分和接口标准制定，需要企业级的构架师进行规划。

## 案例 3.8　中国工商银行的信用卡场景化 3.0

### 案例背景

前几年，中国工商银行推出了一项信用卡"即办即领"的服务，用户在指定网点的智能终端设备上申请该信用卡产品后，随即进入快速审核阶段，一旦获得批准，即可以在现场直接领卡并办理激活手续。全部过程仅需要约十分钟的时间，这也把信用卡场景化推向了 3.0 时代。

随后，中国工商银行信用卡"即办即领"的服务开始在珠海长隆公园投入了试运行，到珠海长隆公园游玩并符合要求的用户，可以在中国工商银行指定场所布置的智能终端设备上申请中国工商银行"长隆联名卡"，一旦获得快速批核，中国工商银行网点就可以通过 Datacard 集团提供的即时发行系统实现现场制卡并发卡，然后用户持该卡可以用于公园门票 5 折、景区消费打折等一系列优惠活动。实现了对特定产品场景、特定用户群的秒授信、秒申报服务。图 3-6 所示为中国工商银行"长隆联名卡"。

图 3-6　中国工商银行"长隆联名卡"

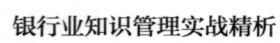

### 案例分析

中国工商银行推出的"即办即领"的服务，把产品场景化做到了极致。一方面联名实体卡起到了很好的宣传效果；另一方面，"长隆联名卡"基于强需求的场景，紧密围绕用户需求，最大限度地实现了信用卡产品制作的模块重用，降低了产品制作成本，也更好地满足了用户需求。

# 第 4 章 项目信息管理

## 本章内容

- 项目信息管理概述
- 信息流程图

## 本章案例

- 案例 4.1　非银行支付机构的客户备付金"紧箍咒"
- 案例 4.2　魔急便（Mobile Go）的用户需求信息流
- 案例 4.3　BATJ 群雄逐鹿，布局保险业
- 案例 4.4　日本电子货币 J-Coin 该向何处去
- 案例 4.5　唐山银行网点转身"智能化"
- 案例 4.6　国内首家"无人银行"的数据智能
- 案例 4.7　海航集团的支付嵌入场景

一个成功的决策，等于 90%的信息加上 10%的直觉。——美国企业家 S·M·沃尔森。这个法则的主旨是把信息和情报放在第一位，金钱就会滚滚而来。

## 4.1　项目信息管理概述

项目信息管理研究信息源、信息流以及信息宿的基本规律，是进行信息管理的基础。本章将从组织角度讨论信息组织、管理及使用的问题。

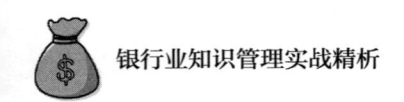

### 4.1.1 信息源与信息的组织

（1）从信息源谈信息的组织

首先，信息源的分布及其变化的规律性是信息源研究的主要内容。信息源，顾名思义，就是信息的来源。信息源的分布是一种客观存在的、长期信息运动的结果。要结合信息的内容和用户的信息需求进行交叉分析，以发现特定用户信息需求的信息源分布格局，这也是信息源分析的主要目的。

信息源的分类有不同的标准：如果以组织边界来区分，可以将信息源分为内部信息源和外部信息源；如果根据时间标准来区分，可以将信息源分为一次信息源和二次信息源（一次信息源是由现场直接采集而得到的信息，二次信息源则是各种文件和数据库中存储的信息）；如果根据信息的运动形式来区分，可以将信息源分为静态信息源和动态信息源；如果根据信息是否数字化来区分，还可以将信息源分为数字化信息源和非数字化信息源。

其次，信息采集是信息源能够得以充分开发和有效利用的基础。信息采集时首先要明确采集什么信息，也就是要对各种信息加以选择。信息选择是信息采集的核心。信息选择的目的就是从采集到的信息中甄别出有用的信息，剔除无用的信息。选择什么信息并不取决于采集人员的主观意识，而是取决于用户信息需求的分析结果和其实际能够提供什么信息。

由于信息的来源不同，信息获取的方法和手段也存在差异。不同的信息获取方法和手段适用于不同的环境，应结合组织者的自身条件采用适当的方法和手段获取信息。例如，积累各类信息就是获取信息的重要方式之一。任何一个组织在正常运转过程中，都将产生大量的工作信息，这就要求各部门管理人员要注意采集和保管好这些信息。同时，某些外部动态信息，也应注意日积月累。又例如，通过互联网组织者不仅可以方便、及时地获取所需的各类内、外信息，同时，还能通过发布企业相关信息被更多的公众所了解。

最后，对于所采集的信息，一般还要做有序化处理，这就是信息的组织。我们通过各种方法采集到大量的信息后，必须按照一定的原则和方法对信息进行加工整理，使之有序化，这样才便于信息的管理和使用。信息组织的目的是将无序信息整理为有序信息。整序的主要方法是分类。大量的信息如果不加以分类将会杂乱无章，没有条理性、系统性和完整性，既不便于保留和存储，也不便于查找和利用，信息的作用也很难得到发挥。

信息分类的任务就是通过分类把各种信息归入适当的位置，把性质相同的归在相同的类别里，性质相近的归在相近的类别里，性质不同的归在不同的类别里。只有这样才能合理地存储和组织信息。

信息组织从内容来看，主要包括信息描述、信息揭示和信息分析三个方面。其中信息描述是对信息的初级组织，信息揭示是对信息的中级组织，信息分析是对信息的高级组织。信息描述、信息揭示和信息分析的主要作用是向用户提供并帮助用户选择他们所需要的一次信息、二次信息和三次信息。

总之，信息组织是信息源可以利用的重要条件，是信息源不断增值的内在依据。进行信息源研究、做好信息采集工作及初步的有序化处理工作，是整个信息管理工作的基础。

（2）信息组织的基本要求

信息贯穿于整个管理决策过程的始终，是科学管理决策的基础和前提。从管理决策的角度来看，它对信息组织有以下四个方面的要求。

- 及时性——所谓及时性有两层含义：一是时过境迁的信息要及时记录；二是有用的信息要及时采集。
- 准确性——信息不仅要及时采集，而且要准确无误地反映实际情况。
- 适用性——信息不在于多，而贵在于适用。要"急决策之所急，供决策之所需"。
- 经济性——取得信息是要付出代价的。信息的及时性、准确性和适用性必须建立在成本分析的经济性基础上。

## 案例 4.1　非银行支付机构的客户备付金"紧箍咒"

### 案例背景

谈到客户备付金，非银行支付机构可谓悲喜交集。客户备付金到底是什么？非银行支付机构对它又为什么有如此复杂的感情？

客户备付金是非银行支付机构为办理客户委托的支付业务而实际收到的预收待付货币资金，其不属于非银行支付机构的自有财产。例如，当客户在网上购买商品后，需要支付相应的货款，而在其支付后至最终确认收货期间，货款会一直留存于非银行支付机构的账户上，这部分沉淀的资金就是客户备付金。

随着近年来非银行支付机构的迅速发展，"躺"在虚拟"钱包"中留存的客户备付金余额数目也越来越大，非银行支付机构的客户备付金口袋也越来越鼓。客户备付金为非银行支付机构创造"躺着"赚钱的条件。非银行支付机构的客户备付金沉淀量越高，银行给予的利息就越高，年化收益率通常为3%左右，高者可达4%以上。

一般情况下，二线非银行支付机构客户备付金的日均沉淀量就可以达到30亿~50亿元，也就是说其一年在银行获得客户备付金利息就达到1亿元以上，而支付宝、财付通等就要更多了。对于非银行支付机构而言，通过巨额客户备付金创造利息是一种无风险的套利行为，"躺着"就能"赚利差"，以前有些非银行支付机构甚至会以违规挪用客户备付金，购买银行理财产品、参与过桥贷款投资高风险证券类项目等手段，来提高客户备付金的收益。

中国人民银行在2010年6月下发的《非金融机构支付服务管理办法》中提出，不得挪用客户备付金是非金融机构支付业务的一条红线。但是，越来越多的沉淀资金，让不少支付机构萌生了挪用客户备付金的贪念，想像银行那样依靠"吃息差"来盈利。

为规范非银行支付机构客户备付金管理，保障当事人合法权益，中国人民银行在2013年至今又相继下发过《支付机构客户备付金存管办法》等文件。2016年，中国人民银行会同13部委制定并印发了《非银行支付机构风险专项整治工作实施方案》，明确支付机构客户备付金集中存管要求，如图4-1所示。

2017年1月，中国人民银行建立支付机构客户备付金集中存管制度，并于同年4月实施首次交存，后通过系列通知逐步提高交存比例（2018年1月执行现行集中交存比例20%，2月至4月按每月10%逐月提高，2018年4月将集中交存比例调整至50%左右），2019年1月完成客户备付金100%集中交存工作。客户备付金全部集中交存中国人民银行，支付机构与商业银行不再以直连渠道处理支付业务。

图4-1 中国人民银行整治非银行支付机构客户备付金的存管问题

**案例分析**

从上面的案例中，我们可以看出中国人民银行通过信息管理来逐步整治非银行支付机构客户备付金的存管问题：从最初非银行支付机构可以随意挪用客户备付金，到中国人民银行规定不得挪用客户备付金的红线，再到逐步提高客户备付金交存比例，最后完成客户备付金100%集中交存工作。

整个过程中，不仅仅是客户备付金交存比例的数字变化，而是关系到市场的稳定与兴衰。由于二线非银行支付机构的盈利能力普遍较弱，因此客户备付金利息收入相当于其当年税后净利润，一旦客户备付金利息没了，企业盈亏很有可能发生逆转。因此，中国人民银行在整治客户备付金的过程中，注意观察客户备付金交存比例变化对市场的影响，从而基于相应信息做下一步的决策，充分体现了上述信息组织的及时性、准确性、适用性和经济性。

### 4.1.2 信息流与信息管理

（1）信息流和信息管理的概念

信息从产生到利用是一个过程，在这个过程中自始至终都有信息流在运动。从某种意义上说，信息工作就是有效管理信息流的活动。信息管理的任务，就是采用各种方法和手段，组织合理、流畅的信息流，使信息的效用得到更好的发挥。

**信息流**：我们通常把人类管理和控制之下的信息的有序流动称为信息交流活动。信息交流根据不同的标准划分为不同的类型。组织信息交流分为组织内成员与成员之间、部门与部门之间、部门与成员之间的信息交流。一般地说，组织信息交流分为组织内部的信息交流与组织外部的信息交流两种形式。组织内部的信息交流是指组织内部各子系统间的信息交流，如成员、部门之间相互进行的信息联系；组织外部的信息交流可以分为从组织外界输入信息或向外界输出信息两个方面。

信息流具有动态含义，它是一种定向运动着的信息所形成的流。就其传递方向来看，有垂直流和水平流两种。垂直流包含上行流和下行流两个方向：上行流指信息在组织中由低层向高层的流动，下行流指信息在组织中由高层向低层的流动；水平流也叫横向流，是指信息在组织中横向平级的流动。

**信息处理**：信息流经过若干环节，每个环节都要对信息做一些处理，所以信息流的运动过程，实际上就是信息的处理过程。信息的处理过程要经过几个环节，包括信息的采集、存储、分类、组织、加工、处理、传递、检索、使用等全过程，这些环节的顺序不是一成不变的，这些环节也不一定包括在一个信息的处理过程之中。不过最简单的处理过程必须包括采集、加工、传递和使用四个环节，最基本的处理过程也必须包括加工和传递。

信息加工是信息处理的基本内容。信息加工往往不是一次完成的，在许多情况下，是根据不同的需要逐步分层进行的。信息的传输实现信息从发方到收方的流动。具体地说，信息的传输实现了系统内部各个组成部分之间的信息共享以及系统与外界的信息交换。

**信息管理**：信息管理的对象是信息的整个运动过程。信息管理是人类为了采集、处理和利用信息而进行的社会活动。信息管理的根本目的是控制信息的流向，实现信息的效用与价值。

信息管理从内容上分为两个层次：一个层次是获取数据，将它们转换为信息，并进行适当的加工，再提供给企业管理者的全过程；另一个层次则是对信息的管理，即信息的采集、存储、分类、组织、加工、处理、传递、检索、使用等全过程。概括地说，信息管理的主要任务是：识别使用者的信息需求，对数据进行采集、加工、存储和检索，对信息的传递加以计划，将数据转换为信息，并将这些信息及时、准确、适用和经济地提供给各级主管人员以及其他相关人员。

根据系统理论，可以把企业看作成为一个"输入——转换——输出"的过程。输入就是从社会环境中取得企业生产经营活动所需要的一切资源要素（人力、物力、财力和信息），然后运用一定的方式，按照人们预定的目标将诸要素有机地结合起来，形成一定的产出并向社会输出（经过企业系统转换的人力、物力、财力和信息），以满足社会的需要并获得经济效益和社会效益。一般来讲，企业资源包括人力、物力、财力和信息。作为资源的信息，除其本身的经济价值之外，还起着将人力、物力、财力这三种资源有机地结合在一起的作用。企业系统的动态性原则要求组成企业的基本要素不仅需要流动，而且要合理的流动。人流、物流和资金流能否顺畅流动，在很大程度上取决于信息流能否正常的运转。

## 案例 4.2　魔急便（Mobile Go）的用户需求信息流

### 案例背景

国内首家结合共享单车与无人货柜的产物——魔急便（Mobile Go）在 2017 年成立，它是一家依托滴滴平台在汽车上安装无人售货盒的公司，创始团队来自滴滴、腾讯等互联网公司。2018 年 1 月，魔急便获得了 6000 万元的 A 轮融资，投资方有高瓴资本、金沙江创投、IDG 资本和滴滴出行等。

魔急便在汽车的前排座椅椅背和前排座椅间安装了三个无人售货盒，当乘客上车后，可以通过扫描盒子上的二维码下单购买商品。据魔急便官方信息，目前车载无人售货盒提供的商品主要有饮料、水、食品、日用品和应急品，如图 4-2 所示。

司机若想加入该平台，只需具备滴滴平台合规的司机身份并缴纳 299 元保证金即可，通过审核后的司机需要前往平台激活、培训和领货。值得注意的是，司机本身不需要购买商品，商品由平台统一提供，司机可以从每日销售总额中获取一定比

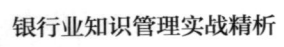

例的抽成，并且每月平台会支付司机 100 元的维护费。

图 4-2　魔急便车载无人售货盒

### 案例分析

　　魔急便的产生在于对场景用户需求信息流的准确把握与满足，即车内出行场景的需求，例如，在大城市中因为堵车时间长乘客会感到口渴、饥饿和无聊等，此时就需要有解决这些问题的办法，因此魔急便应运而生。

　　前面我们说过，信息管理的主要任务是识别使用者的信息需求，对数据进行采集、加工、存储和检索，对信息的传递加以计划，将数据转换为信息，并将这些信息及时、准确、适用和经济地提供给管理者做决策。

　　像魔急便这样的基于车内出行场景的无人售货商品想谋求进一步的发展，就需要不断识别用户需求信息，从而持续推出新的服务来满足用户。总体来说，无人售货盒有以下三点优势和四点劣势。

　　**三点优势**：一是成本低、回本速度快，仅需几个塑料盒或帆布盒即可；二是需求场景新颖，在上下班高峰期，乘客或许会在车上耗费很长时间，此时有触手可及的食品、饮料等自然会方便乘客；三是易规模化发展，车载无人售货盒只要能够打通汽车平台便可在短期内实现规模化发展，同时规模化发展也能推动商品供给端的边际成本降低，形成正向循环。

　　**四点劣势**：一是商品品种较少，相对于无人货柜来说尤其如此，主打差异化商品就成了关键；二是商品补货问题，备货员与备货点、与连锁超市或便利店展开的存货合作以及供货需求大数据分析、备货提醒等都是商品补货所带来的问题；三是控制偷盗，魔急便平台会每月补贴司机 100 元的维护费，但这还不够，还需要对司机进行相关培训，让司机指导有需求的乘客进行购物；四是安全性，截至目前国内就发生过不少出租车液晶屏伤人事件，因此对于置于前排座椅椅背后的车载无人售货盒的安全尚存疑虑。

信息管理的任务就是采用各种方法和手段，组织合理、流畅的信息流，使信息的效用得到更好的发挥。因此魔急便想要更好地发展，就要基于用户需求，对上述优劣势信息进行管理，扬长避短。

（2）信息宿与信息使用

首先，信息行为就是人们满足其信息需求的活动。所谓信息需求就是指人们在从事各项实践活动的过程中，为解决所遇到的各种问题而产生的对信息的不足感和求足感。从信息需求的形成到信息需求的满足是一个完整的信息行为过程。

其次，信息用户就是具备信息需求又具有信息行为的人。精确地分析，作为用户的人类个体或群体具有三个方面的特征：拥有信息需求、具备利用信息的能力和具有接受信息服务的行为。

最后，不同的用户有着不同的需求并使用着不同的信息。信息用户可以分为个人用户和团体用户。根据信息用户的不同，可以将信息需求分为个人信息需求和组织信息需求。由于组织的各项工作是由不同的组织成员来完成的，因而我们也可以说，组织中不同成员为完成各自工作而产生的信息需求的总和构成了组织的信息需求。

用户研究是信息管理的出发点，用户的信息需求是信息系统建设和信息服务工作的根本依据。没有用户及其信息需求，信息系统就失去了存在的意义，信息服务工作乃至整个社会信息服务业就失去了发展的动力。充分开发信息源，为用户提供有效的信息服务，满足全社会的信息需求是信息管理的主要任务。

组织内部的信息使用又分为生产部门、营销部门、财务部门和人力资源管理部

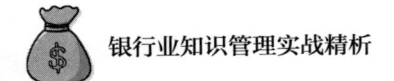

门等，不同的部门有不同的信息需求。总之，只有对具体业务有良好的了解和把握，才能更好地满足业务部门对信息的需求。

## 案例 4.3　BATJ 群雄逐鹿，布局保险业

### 案例背景

近年来，百度、阿里巴巴、腾讯和京东（BATJ）等大型互联网企业不仅与商业银行展开合作，还将目光投射在更为广阔的金融领域——保险业。蚂蚁金服、腾讯、百度纷纷采取设立、投资等不同方式，在国内控股或参股 5 家保险公司或中介公司。

随着人工智能、云计算等高新技术在保险业的应用，互联网保险业的前景更加明朗。因此，互联网保险牌照成为互联网企业争抢的"香饽饽"。迄今为止，互联网巨头拥有的保险公司或中介牌照已超过 10 个，互联网保险竞争趋于白热化。我们来看一下 BATJ 四家互联网巨头不同的布局策略。

阿里巴巴在保险业的布局主要通过蚂蚁金服渗入，蚂蚁金服设有专门的保险事业部。由于阿里巴巴看好互联网保险行业，令其成了互联网巨头中布局保险市场资质最深的一家。从 2013 年共同发起成立众安在线开始，阿里巴巴在互联网保险业布局的脚步就从未停止。蚂蚁金服旗下杭州保进保险代理有限公司也获得保监会许可，可以经营保险代理业务，并且该代理公司由蚂蚁金服全资设立。

早在 2012 年，腾讯便与中民保险网合作上线"保险超市"，试图挖掘互联网保险业"金矿"。2017 年，腾讯与台资富邦财险联合设立的深圳微民保险代理公司正式获得保监会批准。这是腾讯在内地获批的首张保险代理牌照，也是其向保险领域全力出击的重要信号。

相比阿里巴巴和腾讯，百度在保险领域的布局略显迟缓。2015 年，百度联合安联保险、高瓴资本共同发起设立百安保险，未获批复。2016 年，百度与太平洋产险共同发起设立聚焦汽车保险的互联网保险公司，同样未获批复。直到 2017 年 10 月，百度才通过旗下百度鹏寰资产管理（北京）有限公司 100%控股黑龙江联保龙江保险经纪有限责任公司拿到首张保险牌照，开始保险业的征途。

在保险业布局上，京东同样跃跃欲试。刘强东曾公开表示要申请保险牌照，加快布局保险业，人寿保险和汽车保险都在京东的产品规划中。此外，京东金融利用农村市场资源，可以助力保险公司针对性的为涉农企业、农民开发新的农业险、意外险和养殖险等，把保险嵌入到整个农村金融产业链中。

### 案例分析

从市场信息角度来分析，对于保险业这样一个大体量的市场，BATJ 等大型互联网公司显然不会袖手旁观，这背后主要有以下三点因素。

一是保险公司对于保险科技存在巨大需求，其所对应的是庞大的市场。

二是保险公司对于大数据技术的需求强烈，在大数据下互联网保险可以在投前、投中和投后都带来增值。

三是保险公司对于线上业务解决方案存在需求。线上保险的销售方式，将带来更透明的渠道和更低的渠道费用，有效推动保险市场的发展。这种合作也是 BATJ 等大型互联网公司实现流量变现的途径。

基于上述市场信息的分析，BATJ 的入局无疑会推动保险业进入快车道，在保险科技的加持下，保险业将迎来快速发展的黄金期。而这背后，以用户研究为出发点的信息管理起到了决定性的作用。

## 4.2 信息流程图

### 4.2.1 信息流程图组件

系统部件包括系统的外部实体、信息加工、信息存储和系统中的信息流四个组成部分，如图 4-3 所示。

（1）外部实体

外部实体指系统以外又和系统有联系的人或事物，它说明了信息的外部来源和去处，属于系统的外部和系统的界面。外部实体支持系统信息输入的实体称为源

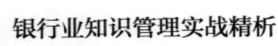

点,支持系统信息输出的实体称为终点。通常外部实体在信息流程图中用正方形框表示,框中写上外部实体名称,为了区分不同的外部实体,可以在正方形的左上角用一个字符表示,同一外部实体可以在一张信息流程图中出现多次,这时在该外部实体符号的右下角画上小斜线表示重复。

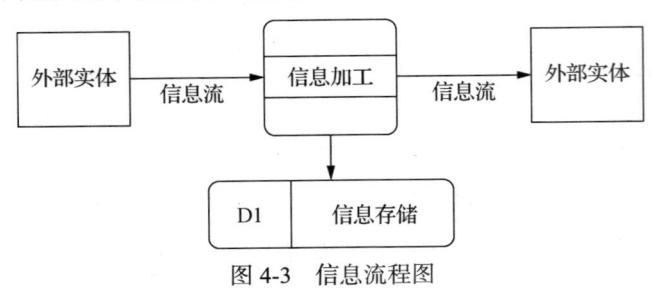

图 4-3 信息流程图

（2）信息加工

信息加工是指对信息逻辑的处理,也就是信息的变换,它用来改变信息值。而每一种处理步骤又包括信息输入、信息处理和信息输出等部分。在信息流程图中处理过程用带圆角的长方形表示处理,长方形分三个部分:标识部分用来标识一个功能,功能描述部分是用来描述其功能的,功能执行部分表示功能由谁来完成,如图4-4所示。

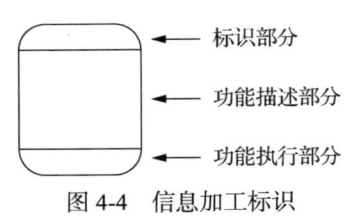

图 4-4 信息加工标识

## 案例 4.4　日本电子货币 J-Coin 该向何处去

### 案例背景

2017 年,瑞穗银行、三菱东京 UFJ 银行、三井住友银行和横滨银行等 70 家日本大型商业银行与地方银行共同研究发行的虚拟货币——J-Coin,以降低支付成本并提高日本非现金支付比例。

日本设计 J-Coin 一是为了解决国内传统支付结算方式的弊病，二是为了应对国外支付巨头的压力，希望借助数字货币在电子支付特别是跨境电子支付方面赶超中国和美国。图 4-5 所示为 J-Coin 货币发行业务流程图。

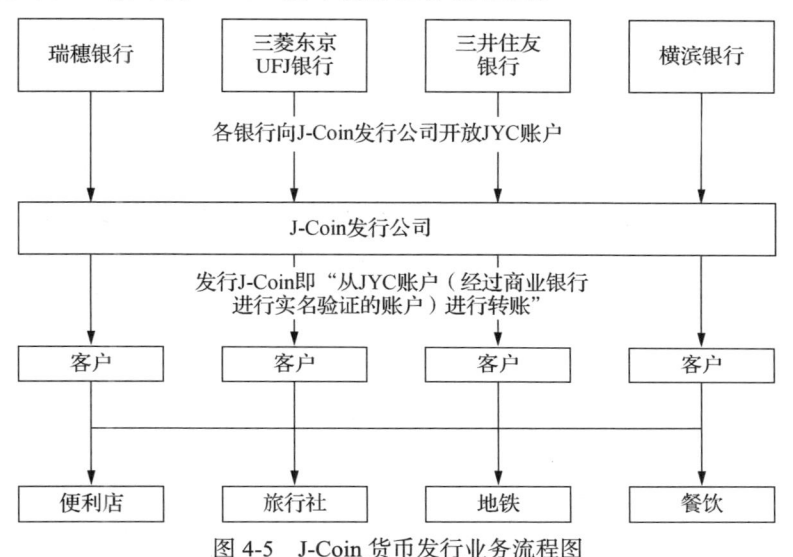

```
┌─────────┐  ┌─────────┐  ┌─────────┐  ┌─────────┐
│ 瑞穗银行 │  │三菱东京 │  │三井住友 │  │横滨银行 │
│         │  │UFJ银行  │  │ 银行    │  │         │
└────┬────┘  └────┬────┘  └────┬────┘  └────┬────┘
     │   各银行向J-Coin发行公司开放JYC账户
     ▼            ▼            ▼            ▼
┌──────────────────────────────────────────────┐
│              J-Coin发行公司                  │
└──────────────────────────────────────────────┘
     │ 发行J-Coin即"从JYC账户（经过商业银行
     │ 进行实名验证的账户）进行转账"
     ▼            ▼            ▼            ▼
┌─────────┐  ┌─────────┐  ┌─────────┐  ┌─────────┐
│  客户   │  │  客户   │  │  客户   │  │  客户   │
└────┬────┘  └────┬────┘  └────┬────┘  └────┬────┘
     ▼            ▼            ▼            ▼
┌─────────┐  ┌─────────┐  ┌─────────┐  ┌─────────┐
│ 便利店  │  │ 旅行社  │  │  地铁   │  │  餐饮   │
└─────────┘  └─────────┘  └─────────┘  └─────────┘
```

图 4-5　J-Coin 货币发行业务流程图

首先由日本各大商业银行和地方银行合资成立第三方公司 J-Coin 发行公司，客户可以到 J-Coin 发行公司开设虚拟账户，虚拟账户将与客户的储蓄账户进行绑定，虚拟账户与储蓄账户将能实现 J-Coin 与日元 1∶1 的资金划转，也能实现个人与个人账户间的转账。

J-Coin 数据银行将对 J-Coin 消费过程中所产生的信息数据进行收集处理，并灵活利用加工的信息数据进行商业化服务。通过向社会公开数据信息，可以帮助有关部门进行市场分析；商家可以共享交易信息，寻找商机，进行市场营销；客户可以了解更多商品信息，做更好的选择；公司内部据此建立数据库，进行各种需求分析。与此同时，J-Coin 数据银行通过有偿提供信息增加收益，如图 4-6 所示。

就在瑞穗银行联合日本 70 家银行进行 J-Coin 电子货币可行性论证和开发设计的同时，日本最大的商业银行三菱东京 UFJ 银行也在开发自己的电子货币 MUFG 币，并在公司内部员工中进行试用。瑞穗银行 J-Coin 项目设计部门准备与日本三菱东京

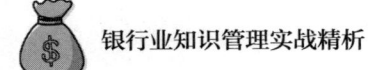

UFJ 银行就 MUFG 币加入 J-Coin 平台的统一标准问题进行商谈，从而助推 J-Coin 发展成为日本独一无二的电子货币项目，充分发挥 J-Coin 的流通性和普遍性，实现规模效益。

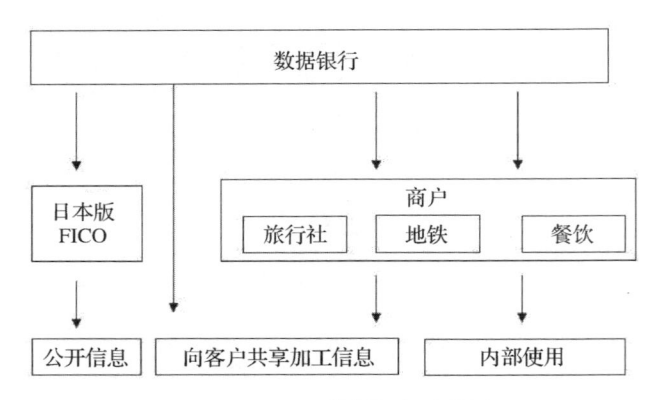

```
              ┌──────────────┐
              │   数据银行    │
              └──────────────┘
               │           │
       ┌───────┘           └──────────────┐
       ↓                                  ↓
   ┌────────┐              ┌──────────────────────────┐
   │日本版  │              │         商户              │
   │ FICO   │              │ ┌──────┐┌──────┐┌──────┐│
   └────────┘              │ │旅行社││ 地铁 ││ 餐饮 ││
       │                   │ └──────┘└──────┘└──────┘│
       │                   └──────────────────────────┘
       ↓                        ↓              ↓
   ┌────────┐         ┌──────────────────┐ ┌────────┐
   │公开信息│         │向客户共享加工信息│ │内部使用│
   └────────┘         └──────────────────┘ └────────┘
```

图 4-6　J-Coin 数据银行功能图

### 案例分析

瑞穗银行之所以能有这样的底气来说服日本最大的商业银行三菱东京 UFJ 银行，其核心就是图 4-5 和图 4-6 的业务流程图和数据功能图，而这两张图实际上就是前面我们所说的信息流程图的应用。信息流程图的系统部件包括系统的外部实体、信息加工、信息存储和系统中的信息流四个部分，其作用是用信息流程图来明确电子货币的信息流向，以及与日本银行业各相关方的关系。日本重视商业承诺，这种利用信息流程图来明确各相关方职责关系的做法无疑是高明的。

（3）信息流

信息流是指处理过程的输入或输出，用来表示一组中间信息流值，但不能用来改变信息值。信息流是模拟系统信息在系统传递过程中的工具。在信息流程图中用水平箭头或垂直箭头表示，箭头指出信息的流动方向，箭线旁注明信息流名字。

同时，由于信息流分为上行流、下行流和横向流三个不同的类型，针对不同类型的信息流可以在必要的时候加以标注，并注明信息流的处理策略和方式。

（4）信息存储

信息存储表示信息保存的地方，用来存储信息。系统处理从信息存储中提取信息，也将处理的信息返回信息存储。与信息流不同的是信息存储本身不产生任何操作，它仅仅响应写入信息和读出信息的要求。

在信息流程图中信息存储用长方条表示。在长方条内写上信息存储的名字，为了区别和引用方便，左端加一个小格，再标上一个标识，用字母 D 和数字组成。

## 案例 4.5　唐山银行网点转身"智能化"

### 案例背景

近年来，唐山银行注重网点智能化、高端化建设。该行首家智能银行唐城支行正式开业后，先后有遵化富力城支行、马家沟支行、迁安馨园支行、南堡支行和新华支行等 55 家网点也先后开业。焕然一新的唐山银行各支行为客户提供了整洁干净的网点环境、合理的功能分区、清晰的业务导视以及舒适的等候空间。此次经过智能化改造的唐山银行营业网点，均配备了功能丰富的人机互动设备、自助回单机、自助发卡机和自助业务终端机等设备，让客户在体验智能银行带来高科技感受的同时，也极大地提升了业务办理效率，如图 4-7 所示。

图 4-7　唐山银行智能化网点

我们以唐山银行的网点 A 和网点 B 为例，来看一下它们是如何通过信息管理来进行智能化改造的。A 网点西北方向有支行下辖的 B 网点，A、B 两家网点相距仅 500 米，又因为业务趋同，在客户资源方面存在很大重合。唐山银行通过数据分析发现，每年 A 网点全部到店客户较 B 网点少 2 万余人次，其中 A 网点资产 5 万元以上的中高端客户到店数较 B 网点少 6000 余人次，A 网点受限于位于某别墅区靠里的位置，辨识度和知名度相对不高，到店客户资源有限。唐山银行经过研究，确定将正处在瓶颈期且当前模式发展受限的 A 网点进行装修改造，改变原有高柜业务受理的模式，变为以"理财+自助""智能+协助"的业务办理模式，以智能化机具作为满足网点基础业务需求的主要途径，以低柜作为满足高端业务需求的窗口。

唐山银行决定 A 网点改造后不再设置高柜窗口，让网点前台人员真正摆脱业务量小、附加值低、耗时长的现金类业务束缚，以业务流程办理方式的调整换取人员的释放。唐山银行将改造后释放的人员补充到辖内其他网点中，通过有效的业务转型，既促进 A 网点业绩实现了新增长，也为其他网点补充了服务人员，提升了银行整体服务能力。

改造后的 A 网点总体人员数量从起初的 11 人减至 5 人，此后根据业务发展情况又将人员增至 7 人，其中包括网点负责人 1 人、运营主管 1 人、客户经理 3 人、客服经理 1 人和柜员 1 人。另外网点设置 2 个非现柜台、5 台存取款一体机、2 台自动取款机、2 台智能终端机、1 台智能打印机、1 台产品领取机和 3 台新式上网机。

**案例分析**

唐山银行的智能化网点能够改造成功，得益于其良好的信息管理。支行通过数据分析发现，每年 A 网点全部到店客户较 B 网点少 2 万余人次，其中 A 网点资产 5 万元以上的中高端客户到店数较 B 网点少 6000 余人次，A 网点受限于位于某别墅区靠里的位置，辨识度和知名度相对不高，到店客户资源有限。

基于这个数据分析而得到的信息：原有高柜业务受理的模式不能有效地满足客户需求，因此需要进行业务变更，变为以"理财+自助""智能+协助"的业务办理模式，以智能化机具作为网点满足基础业务需求的主要途径，以低柜作为满足高端业务需求的窗口。因此，唐山银行通过有效的信息管理，达到了智能化网点改造的目的，提升了银行整体服务能力。

## 4.2.2 信息流程图的画法

（1）画信息流程图的基本原则

- 信息流程图上所有图形符号必须是前面所述的外部实体、信息加工、信息存储和信息流四个部分。
- 信息流程图的主图必须含有前面所述的四种基本元素，缺一不可。
- 信息流程图上的信息流必须封闭在外部实体之间，外部实体可以是一个，也可以是多个。
- 信息过程至少有一个输入信息流和一个输出信息流。
- 任何一个信息流子图必须与它的父图上的一个处理过程对应，两者的输入信息流和输出信息流必须一致，即所谓的"平衡"。
- 信息流程图上的每个元素都必须有名字。

（2）画信息流程图的基本步骤

- 把一个系统看成一个整体功能，明确信息的输入和输出。
- 找到系统的外部实体。一旦找到外部实体，则系统与外部世界的界面就可以确定下来，系统的信息流的源点和终点也就找到了。
- 找出外部实体的输入信息流和输出信息流。
- 在图上画出系统的外部实体。
- 从外部实体的输入流（源）出发，按照系统的逻辑需要，逐步画出一系列逻辑处理过程，直至找到外部实体处理所需的输出流，形成信息流的封闭。
- 系统内部信息处理看作整体功能，其内部又有信息的处理、传递、存储过程。
- 如此一级一级地剖析，直到所有处理步骤细化到既定标准为止。

（3）画信息流程图的注意事项

- 关于层次的划分。逐层扩展信息流程图，是对上一层图中某些处理框加以分解。随着处理的分解，功能越来越具体，信息存储、信息流越来越多。究竟怎样划分层次、划分到什么程度，没有绝对的标准，一般认为展开的层次与管理层次一致即可，也可以划分得更细。处理块的分解要自然，注意功能的完整性，一个处理框经过展开，一般以分解为4~10个处理框为宜。

- 检查信息流程图。对一个系统的理解，不可能一开始就完美无缺，开始分析一个系统时，尽管我们对问题的理解有不正确、不确切的地方，但还是应该根据我们的理解，用信息流程图表达出来，然后进行核对，逐步修改，获得较为完美的流程图。
- 提高信息流程图的易理解性。信息流程图是系统分析员调查业务的过程，是与用户交换思想的工具。因此，信息流程图应简明易懂，这也有利于后面的产品设计，有利于对系统说明书进行维护。

## 案例4.6　国内首家"无人银行"的数据智能

### 案例背景

2018年4月，中国建设银行带着"无人银行"亮相于上海九江路，成为中国银行业首家"无人银行"。中国建设银行的"无人银行"充分利用生物识别、语音识别和数据挖掘等金融智能科技成果，整合并融入机器人、VR（虚拟现实）、AR（增强现实）、人脸识别、语音导航和全息投影等黑科技，打造以智慧、共享、体验和创新为特点的全自助智能服务平台。

**"无人化"全自助**。不同于传统物理网点布局，"无人银行"网点中包含机器人、智慧柜员机、VTM（远程视频机）、外汇兑换机以及各类多媒体展示屏，其内部功能分区也根据客户动线，打破银行传统网点的标准设置，分为迎宾接待区、金融服务区、民生服务区和智慧社交区等区域，客户可以根据事先设计好的智能化流程提示，自助操作完成所有业务办理而无须工作人员协助，如图4-8所示。

**高度智能化**。在"无人银行"中，智能服务机器人化身网点的大堂经理，通过自然语言与到店客户进行交流互动，了解客户服务需求并引导客户进入不同服务区域体验，完成所需交易。在生物识别、语音识别等人工智能技术的推动下，"无人银行"实现对客户身份识别与自助设备的智慧联动，将"刷脸"技术运用至现实场景。此外，通过AR网点导览功能，客户通过手机App在真实空间中精准识别不同的设备，为客户介绍不同场景功能。而 AR 科技则被运用于客户看房体验的环节中，最大限度地将中国建设银行建融家园中所有租赁房产信息尽收眼底，免去预约看房等待时间和实地看房所需的路途往返时间。

图 4-8 中国建设银行的"无人银行"

**业务覆盖广**。"无人银行"的各种自助机具承担了 90%以上传统网点的现金及非现金业务，对于 VIP 客户的复杂业务还专门开辟了私密性很强的单独空间，可以通过远程视频专家系统由专属客户经理为其提供一对一的咨询服务。

**场景化体验**。"无人银行"除了将智能技术融汇于传统银行业务，还与书店、品牌商店等相结合，是集金融、交易和娱乐于一体的场景化共享场所。"无人银行"内有约 5 万多册图书供到店客户免费阅读，客户可以通过手机 App 保存这些电子图书并带走；办理业务后可以在自助售货机上免费领取饮品；在合照墙拍照后可以转发自己的照片至朋友圈留念等。

> **案例分析**
>
> "无人银行"的数据智能有以下三个特点。
>
> 一是事先设计好的智能化流程,做到数据标准化流程。
>
> 二是大量运用生物识别、语音识别等人工智能技术,将生物数据记录在体系内,使其具备更强的数据分析能力。
>
> 三是数据业务场景广泛。90%以上传统网点的现金及非现金业务都可以通过自助终端机完成,这样可以广泛收集相关的业务数据。
>
> 正是由于上述三个特点,"无人银行"的信息流程图需要基于多场景进行绘制,这样才能更好地理解场景化的业务数据。

### 4.2.3 信息流程图实例

图 4-9 和图 4-10 分别是某银行人力资源管理和培训管理信息流程图,可供参考。

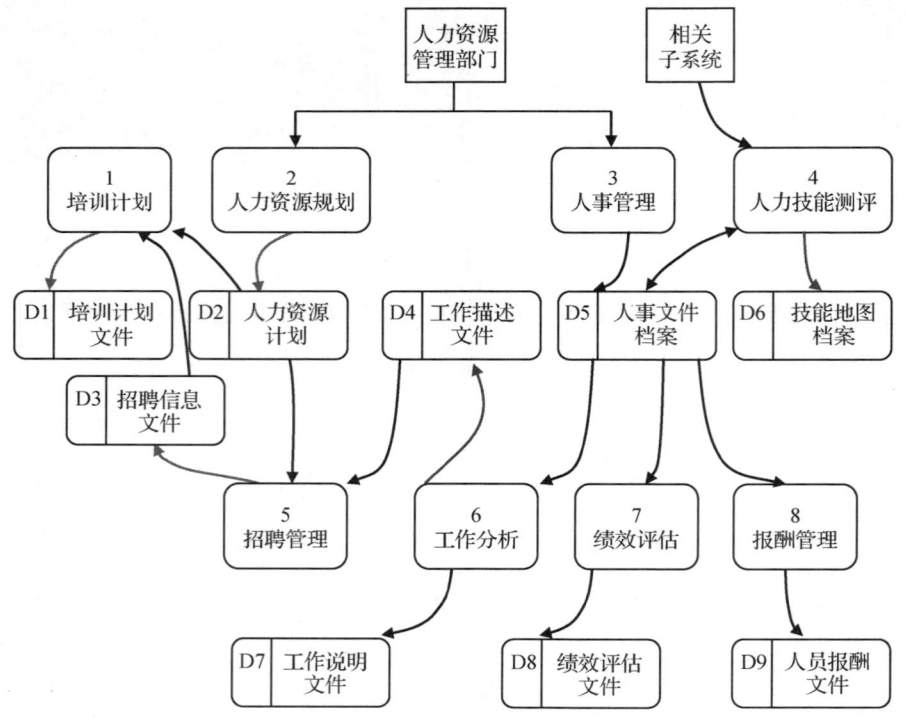

图 4-9 某银行人力资源管理信息流程图

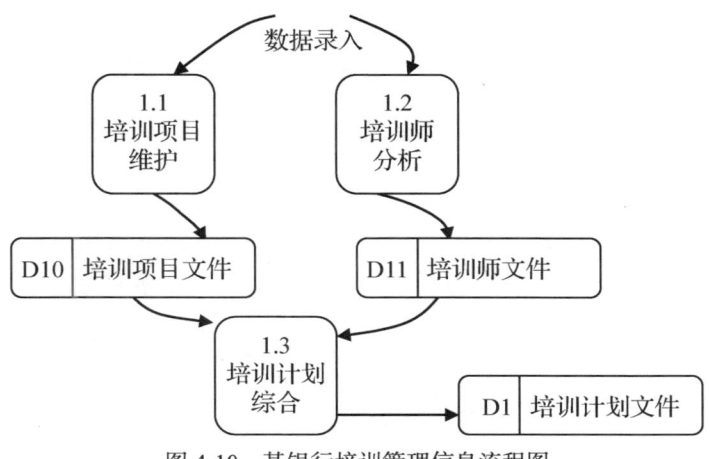

```
        数据录入
   ┌──────────────┐
   ↓              ↓
  1.1            1.2
 培训项目       培训师
  维护          分析
   │              │
   ↓              ↓
┌──────────────┐ ┌──────────────┐
│D10│培训项目文件│ │D11│培训师文件  │
└──────────────┘ └──────────────┘
       │              │
       ↓              ↓
          1.3
        培训计划
         综合
           │
           ↓
       ┌──────────────┐
       │D1│培训计划文件│
       └──────────────┘
```

图 4-10 某银行培训管理信息流程图

我们在画信息流程图的时候，应注意以下容易犯错的点。

- 采用逐层分解的策略，一次分解不要加过多的细节，同时注意分解成分有相对独立功能。
- 父图与子图一致性原则，即任何一个信息流子图必须与它的父图上的一个加工过程对应，两者的输入信息流和输出信息流必须一致。
- 编号的标识以利于层级的追溯与查找。
- 注意上行流和下行流的表示，并在必要时注明信息处理策略，达到服务用户的目的。

## 案例 4.7　海航集团的支付嵌入场景

### 案例背景

航空业一直被认为是重资产的产业，这个产业能否像互联网行业一样支付嵌入场景呢？答案是肯定的。首先我们来分析一下航空公司的业务，航空公司的业务核心是完成人的位移。整个航空公司的运营就像一架飞行中的飞机，其核心是两个发动机：一个是运行与签派，也就是通常所说的运控，这是航空公司生产与运行的基础；另一个是市场营销，这是产生收益的基础。除了这两个发动机，航空公司的运营还包含了客舱、地面服务以及其他的服务支持部门，这些就像是飞机的机身。

航空公司既是一家生产型企业，又是一家服务型企业。这个特性决定了航空公司的两大金融优势：一是生产型企业收入的稳定性，可以通过稳定的现金流，利用金融杠杆来置换资本的收入；二是服务型企业能够接触到 B 端和 C 端的用户，并且基于其场景，可以设计出有特色的金融服务产品。

航空市场有众多上下游产业链环节的衔接，因此其运营的支付嵌入场景较多。例如，海航集团近年来对低成本航空公司的投入较大，涵盖购票、选座、订餐、升舱、地面服务以及接送机等，都是围绕航空公司基础运营中可能涉及的支付嵌入场景展开的。如果考虑到上下游产业链环节，如机加酒（机票+酒店）产品、机加游（机票+旅游）产品等，支付嵌入的场景则更加广泛。

从航空公司的信息流程来说，航空对于支付的需求是高效与便捷。例如，以下六个场景都有可能存在支付嵌入。

一是客户在机场值机托运行李时，如果知道超重的千克数和单价，就可以马上计算出需要支付的金额，然后通过支付渠道来快速支付。

二是航空公司除了固有的销售系统，还有份额较大的票证结算。在航空公司分销的时候，就涉及票证结算。航空公司都会有庞大的财务体系去展开票证结算工作，这也是一个 B 端支付需求的嵌入点。

三是像海航集团这样的航空公司大都会涉及销售业务，这些销售部门除了销售商品，也会代理其他航空公司的业务，同时也会开展包括类似于差旅管理类的服务，这种类型的服务会让所有的销售公司面临诸多资金垫付的情况。

四是航空公司的销售场景也存在支付嵌入需求，例如手机支付、刷卡支付等。

五是海航集团近年来开展了很多国际化的航线投入，通过飞机上的销售方式带来票务收益以外的其他附加收益。这方面，海航集团借鉴了新加坡的商品仓库体系。商户会在飞机上形成与航空公司的联动，通过提供货品来跟航空公司进行分润，这相当于在航班上建设了一个大卖场，而这个场景一定有大量的支付嵌入机会。

六是航空业往往是拉动地方经济的一个重要关口，因此通常具有政企联动的价值。这其中往往涉及航空公司与当地政府之间的一些资源互换，因此在航旅的结合方面其价值是延长生态链，在互联互通的合作中找寻更多行业合作机会，因此也就存在众多支付嵌入场景的需求点。

### 案例分析

通过以海航集团为例的航空公司业务信息流程梳理，我们可以找出多个支付嵌入的场景。如同前面提到的，采用逐层分解的策略、编号标识以利于层级的追溯与查找，这样更便于找出信息流程图中的关键节点，从而识别出支付嵌入的需求点。

# 第5章 项目知识管理

**本章内容**

- 知识管理的对象和视角
- 项目知识库管理
- 项目知识需求管理
- 项目人员技能管理

**本章案例**

- 案例 5.1　当当网卖身海航系是何使其没落
- 案例 5.2　从点牛金融看车贷市场大洗牌
- 案例 5.3　商旅争夺战改变机场贵宾室
- 案例 5.4　从知识需求看 NFC 支付与二维码支付
- 案例 5.5　新世界百货的技能地图变革

知识,只有当它靠积极的思维得来,而不是凭记忆得来的时候,才是真正的知识。——列夫·托尔斯泰。知识管理的核心对象是知识员工,知识与技能和岗位的关系,以及个人知识管理与项目/组织知识管理的关系,包括项目知识库管理、项目知识需求管理和项目人员技能管理三个部分。

## 5.1　知识管理的对象和视角

### 5.1.1　知识管理的对象

对于知识管理的核心对象,目前在业界存在两种截然不同的观点:管理显性知识和管理知识员工。美国的知识管理学者维纳·艾莉认为管理显性知识是片面的，她在其著作《知识的进化》中提出了"知识的波粒二象性"，认为知识即具有"实体"的属性，又具有"过程"的属性，这无疑是一大进步。

然而，仅仅是管理显性知识和知识活动是不够的。很多知识管理学者认为知识员工是知识的创造者和使用者，是知识活动的实际参与者。因此，对知识员工的管理是否有效，直接决定了组织知识管理的效果。知识员工的管理主要包括以下内容。

- 调查知识在员工中的分布情况，形成"知识地图"。
- 评估组织的知识差距，通过招聘新员工或进行培训加以解决。
- 设计员工的工作岗位，使知识活动与具体业务有机结合起来。
- 建立实践社区，为员工提供良好的交流与学习环境。
- 衡量员工的知识贡献，激励员工贡献知识。
- 人力资源管理是知识管理的重要内容。

显性知识管理主要依靠强大的信息技术手段，目前的信息技术所取得的进展也确实为显性知识的管理提供了强大的工具和手段，例如企业知识门户、文档管理、搜索引擎等。知识活动的管理既需要管理制度和日常工作管理手段（如计划与总结）的保障，同时也需要信息技术提供支援。

现在的知识管理系统或工具也提供了大量诸如统计分析的功能来帮助企业进行知识活动的管理。而对于知识员工的管理，则主要依赖人力资源管理手段。目前，大部分正在实施或计划实施知识管理的组织对人力资源管理在其中的重要作用认识还不够深刻，关于这一方面的内容，还有待进一步的深入研究。

## 案例 5.1　当当网卖身海航系是何使其没落

### 案例背景

2018 年 3 月，海航集团旗下天海投资收购当当网，这个曾经被誉为是"中国亚马逊"的当当网，终于在成立 19 年后"易主"。

当当网成立于 1999 年，由李国庆、俞渝夫妇创办，是国内较早的电商公司之一。当当网由售卖图书起家，不断覆盖至音像、母婴、美妆、家居、数码 3C、服装、鞋包等领域，成为综合性大型电商平台。2010年，当当网在美国纽交所上市，作为较早一批赴美上市的B2C电商受到了极大的关注，创出中国企业境外上市市盈率和亚太区2010年高科技公司融资额两项历史新高。

而刘强东携京东异军突起，在3C品类中"打"得当当网措手不及。根据公开数据：2015年第三季度，京东总营收为441亿元，同期当当网总营收仅为23.72亿元，相当于京东的5.38%。当当网起初主管图书类商品，而当百货、3C、服装等品类已经占据电商主流时，当当网没能以新形象示人。除去新华书店所独占的教材发行等2B业务，中国的图书市场与3C产品相比，无论是货物单价上还是未来的发展潜力，都不能与之相提并论。

为了挽回局面当当网开始了艰难的转型之路，但是其发展策略并不明确，一会儿"图转服"，一会儿"图转百"，最后的结果就是"优势没巩固，劣势没努力"。到2016年，当当网完成私有化退市时市值仅为5.3亿美元，不及上市之初的四分之一。

### 案例分析

如同前面所说，知识管理的核心对象是知识员工，知识与技能和岗位的关系，以及个人知识管理与项目/组织知识管理的关系，包括项目知识库管理、项目知识需求管理和项目人员技能管理三个部分。而当当网转型之路的不成功除了其发展策略不明确，也与当当网知识员工的组成结构有很大的关系。

当当网售卖由图书起家，包括李国庆在内的组织知识员工，以及岗位技能人员还是更多固守原来的图书领域。李国庆曾面对3C产品电商的"诱惑"与"冲击"，坚持拒绝与其为伍，他的理由是："这么多年，当当网图书市场遥遥领先的地位没变，别人都狂砸，我还不用太烧钱；另外，其他电商卖100亿元、1000亿元，对我来说没有吸引力。中国的手机和笔记本电脑是一个一两万亿元的市场，1000亿元才占5%，在行业里面没有话语权，我觉得要想盈利还非常难。"

由此可见，组织想要转型成功首先是知识转型，而其中的关键则是知识员工的转型。

## 5.1.2 知识管理的视角

"以镜为鉴，可正衣冠；以史为鉴，可知兴替；以人为鉴，可明得失。"这是唐太宗李世民的名言，这句话揭示了我们生活中可以借鉴的三样宝贵知识财富。如果把它的含义引申，知识管理也可以从以下三个视角来进行规划。

- 镜鉴——其他同类项目。
- 史鉴——项目历史。
- 人鉴——专家经验。

以其他同类项目的视角为例，《银行业项目管理实战精析》一书中提到项目组合（Portfolio）、项目集（Program）的概念，强调了以业务战略为导向关联的项目组合，以相同客户背景或需求背景相关联的项目集，从这些相关的视角我们可以把同类的项目知识做综合分析，从而进行分类引用，以达到更好的服务项目的目的。

### 案例 5.2  从点牛金融看车贷市场大洗牌

#### 案例背景

2018 年 3 月，点牛金融在美国纳斯达克上市，成为在海外上市的中国首家车贷平台，如图 5-1 所示。点牛金融董事长曾而新表示，点牛金融将在原有车贷基础上拓展以汽车消费场景为主体的车贷金融服务，建立以汽车购买消费为场景的全产业链闭环服务，促进中国汽车消费和流通市场的大力发展。

点牛金融入市车贷市场，正逢车贷市场大洗牌之际。自 2017 年 4 月到 2018 年 3 月，一年之内涉及车贷业务的正常运营平台数量由 590 家缩减至 384 家，减少了 206 家，缩减比例超 3 成，这其中包括盛极一时的泓源资本和沃时贷。

点牛金融"中国车贷第一股"的光环没有闪耀太久。在 2019 年，这家公司涉嫌非法吸收公众存款，被上海市公安局浦东分局依法立案查处。为什么车贷平台屡屡爆雷？原因大致可以归纳为以下五点：一是逾期和坏账率增加；二是交易额减少；三是线下收益减少；四是运营成本攀升；五是集中挤兑等问题。

图 5-1　点牛金融在纳斯达克上市

> **案例分析**
>
> 　　车贷行业有很多同类项目经验和历史经验可以借鉴，而这就是前面我们所说的"镜鉴"和"史鉴"。从点牛金融的案例中可以看出，对于重资产的车贷行业来说，市场前景更可能以多个大型平台结合少数差异化平台的格局出现，一方面大型平台具有雄厚的资金实力，有利于打造全产业链闭环，包括新车购买、售后等一系列服务；另一方面，技术创新开发也将成为少数差异化平台的竞争力，通过创新模式提升增量或成为有效的突破口。
>
> 　　车贷行业的洗牌会推动行业的健康发展，我们也期待真正的行业"独角兽"的诞生。

## 5.2　项目知识库管理

　　项目执行和监控阶段在时间上占据了整个项目时间的 80%，而且项目在执行和监控的过程中信息量呈指数上升，在这个阶段中产生的知识往往是不确定和需要递进完善的，因此项目的知识管理应从以下两个阶段分别管理为宜。

　　一是在项目执行和监控阶段，项目知识最好存储在暂存的知识库中。例如项目过程文档库，这种文档库的好处是可以把大量非结构化的知识归类，有利于项目成员获得一手的信息和知识，不断在此基础之上递进完善，并伴随着项目管理过程不断加深理解。

二是在项目结束阶段，项目知识会沉淀成最终的版本，这个时期的知识最好以固定文档的形式加以存储。例如项目成品文档库等，以固定的文档将知识与相应的知识负责人相关联，以达到所有项目成员具备"Know-who"，以便在将来进行更广泛的知识挖掘。

## 案例 5.3　商旅争夺战改变机场贵宾室

### 案例背景

很多信用卡组织和银行金融机构会将机场贵宾室作为高端会员权益，来吸引商务旅客的持卡人。对于频繁出差的商务旅客来说，在旅途中度过的时间可能超过了在办公室度过的时间，而商务旅行市场年收入总计可达 1.2 万亿美元。在这种背景下，航空公司、机场和其他机构越来越看重该市场，投资扩大休息室空间，以卓越的服务、更好的网络技术提升机场休息室的服务水平，以吸引商务旅客消费。

例如，澳航乘客可以在希思罗机场休息室内的现代简约的鸡尾酒吧中品尝杜松子酒，日本航空的东京头等舱休息室的乘客可以享有清酒或日本工艺啤酒，而牙买加金斯敦诺曼·曼利国际机场的 Club Kingston 则可以让乘客欣赏岛屿的艺术品、装饰，及享用传统的牙买加食品和饮料，如图 5-2 所示。

图 5-2　牙买加金斯敦诺曼·曼利国际机场的 Club Kingston

机场已成为世界上拥有先进技术的建筑之一。生物识别自助登机的启用和全流程自助服务的应用,为旅客出行带来方便。机场休息室也正进入数字化时代,例如阿提哈德航空和阿联酋航空都已采用了虚拟现实(VR)娱乐技术。

### 案例分析

通过发挥大数据和数据科学的潜力,帮助航空公司和机场更加贴近客户,了解商旅客户的行为模式,从而为客户量身定制更好的服务。随着国际公务旅行变得比以往更普遍,商务旅游行业正变得越来越充满活力与竞争力。在这种驱动下,创新不仅仅体现在空中航班上,也体现在地面服务上。

而在数据分析与创新升级的背后,是产品项目的知识库管理。信用卡组织和银行金融机构会将商旅客户的消费行为通过信用卡等产品的权益分析,进一步透析用户画像。由于银行机构的权益往往贯穿于包括升舱、贵宾室服务等在内的空中航班和地面服务,因此通过产品项目的分析就可以更好地了解商旅客户的全流程行为模式。

正如前面所说,这包括项目执行和监控阶段的项目过程文档库管理,及项目结束阶段的项目成品文档库管理。

## 5.3 项目知识需求管理

项目知识需求管理包括两个方面,即需求和专家管理。项目的需求是指在项目的过程中会不断出现各种知识的需求,需要在第一时间将需求加以归档,并联系相关的领域专家针对问题进行个人或团体的解答和分析,使得项目的问题能够尽快解决,从而大幅度提高项目的生产率。

项目的专家管理是指针对项目具有不同类型技能的专家成员进行归档、索引等管理,一方面可以快速响应项目的知识需求,另一方面针对项目的人员需求可以做到明了各种类型技能的人员分布情况，并因此优化项目人员的配置和加强项目内部的知识分享和流动。

## 案例 5.4　从知识需求看 NFC 支付与二维码支付

### 案例背景

如果你生活在北上广深这样的大城市，有时会跨城出差或游玩，例如从上海前往杭州一日游，出行方面无论是城际高铁还是上海和杭州的市内交通地铁，以及商场或超市购物、餐饮游玩等一切消费，一部手机就能全部解决。倘若不过夜的话，连带一个行李包都显得多余。而这背后，是移动支付给我们带来的便利。

当前用户所使用的主流移动支付方式有两种。一种是手机近场无线通讯（Near Field Communication，NFC）功能。通常我们在支持 NFC 的手机的支付账户上绑定银行卡，支付的时候把手机靠近 POS 机的 NFC 感应区域即可完成支付。另一种是二维码扫描。二维码扫描可以分为主扫和被扫，同样也是把银行卡绑定在用于支付的手机 App 上，在支付时打开手机 App，用户主动扫描商户提供的二维码输入金额后完成支付或收银员用扫码枪、手机等设备扫描用户的二维码完成收款，如图 5-3 所示为武汉公交的二维码支付。

图 5-3　武汉公交的二维码支付

二维码支付的出现比 NFC 支付要晚整整七年，为什么二维码支付能后发先至，逐渐成为主流的移动支付方式呢？

首先，从投入成本来看。NFC支付需要用户和商户两端都要配备一定规格的硬件设备才能完成。用户端必须是iPhone6/6s以上型号的手机或支持NFC功能的安卓手机，还需要完成绑卡、限额、设密等步骤；同样商户端也需要配备相应的POS机。而二维码支付对用户和商户的要求都明显降低了很多：对于用户来说，只需要一部智能手机，能安装支付软件和展示付款码就可以了；对商户来说，硬件设备要求同样降低了，二维码支付主要依靠扫码枪来扫码，商户只需要基于现成设备稍加软件改造便可使用，无须额外投资。

其次，从用户学习成本来看。像Apple Pay这样的NFC支付方式，常常因为与手机和POS机的接触时机不对而导致交易失败，平均要在POS机上尝试1～2次才能确保付款成功，这在购物高峰期的时间段会让用户和商家都感到不便；而二维码支付在交易过程中很少会出现这样的现象。

最后，国内便利店没有像日本同行那样普及MIS-POS一体收银机，因此国内的NFC支付交易完成后，用户手中会有一张收银收据和一张银行POS凭条供用户对账，这给用户和商家都带来了不便；而二维码支付的收银收据和银行凭条是在同一张收据上，大大方便了用户对账。

### 案例分析

在上面的案例中我们可以看出，用户的知识需求决定了NFC支付和二维码支付的发展势头。除了投入成本因素，一个产品的普及关键是要看用户的学习和接受程度。任何产品，如果我们在日常使用中增加了学习成本，或者使用过程繁复，就很难被普及，甚至会被用户抛弃。

NFC支付需要与POS机进行合适的接触才能支付成功，而这种接触所需要的学习成本比简单的二维码扫码要大得多；而需要收银收据和银行POS凭条的对账方式也无疑增加了用户和商家的学习成本。这一切无形中都对用户和商户的知识需求提出了更高的要求，在这个信息爆炸的时代，学习成本越高，产品的普及难度就越大。从这一点就不难知道，为什么二维码支付能比NFC支付后发先至，逐渐成为主流的移动支付方式了。

## 5.4　项目人员技能管理

百货商店之父约翰·沃纳梅克曾提出著名的广告营销界的"哥德巴赫猜想"——我知道广告费有一半是浪费掉了，问题是我不知道浪费的是哪一半。

我们的企业也存在沃纳梅克所提出的同样的问题：公司中有很多同事，大家有不同的专业背景，也接受不同的工作训练，我们的知识技能是公司最大的财富。但是一个关键问题是我们不知道我们拥有哪些知识技能，同样我们也不清楚我们缺少哪些知识技能。

IBM 的创始人说："你可以没收我的财产、烧毁我的厂房，但只要留给我员工，我必将东山再起。"在组织中，一个很大的特色是：类似背景项目的岗位所需要的工作技能是相近的，就如同一个很大的连锁企业。现如今项目人员大规模的流动就很好地证实了这一点。然而,在类似的项目立项开始实施时,公司要如何知道以下三点呢？

- 应该找具有哪些知识技能的人？
- 这些人在公司的什么地方？
- 哪些人经由哪些培训可以符合需求？

是否有可能像高速公路图一样，有一个完整的高速公路图与替代道路图，让我们对于公司同事所拥有的能力一目了然，可以更进一步随时完成项目编组？又或者我们只是想简单地知道某位同事的知识技能。

- 应具有哪些知识技能？
- 目前具有哪些知识技能？
- 知识技能应以哪种方式扩散？
- 应该接受哪些培训或训练？

人员技能地图（Skill Map）就是上述问题的答案，所谓的技能地图就是一份技能知识所在位置的指引。

有 A、B、C、D 四位项目成员，针对 Java、SAP、.NET 和 Project Mgt（项目管理）等四个技能分别给予一定的量化评估。图 5-4 所示为人员技能地图示例，图 5-5

所示为岗位技能地图示例,两幅图展现出来的是技能雷达图,清晰地显示了四位项目成员不同的技能权重。

图 5-4 人员技能地图示例

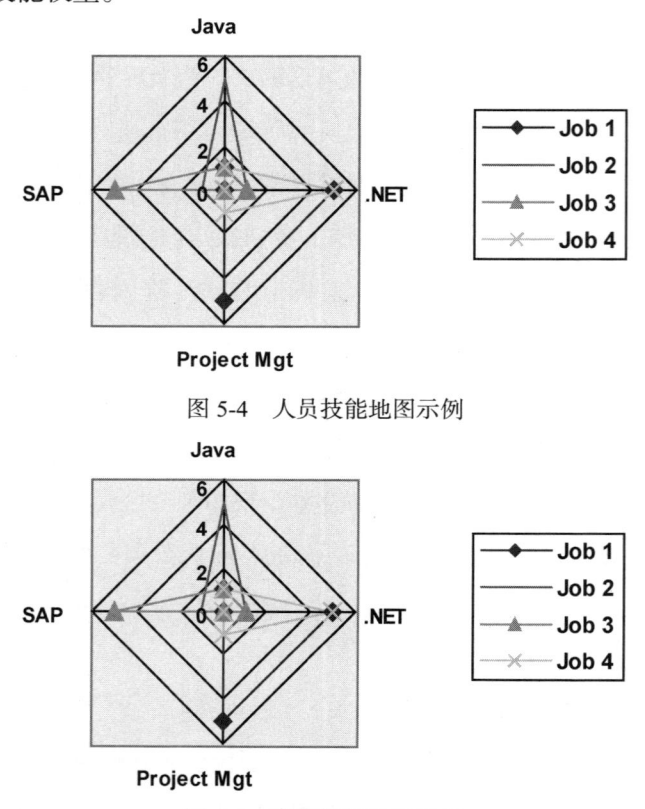

图 5-5 岗位技能地图示例

从上面的技能地图中,我们可以看出以下七个问题。

- 同事应具有哪些知识技能?同事应具有技能地图中所规划的技能,从图 5-4 中我们可以看到,成员 C 精通 Project Mgt,但是其他技能较差;而项目成员 A 则精通 Java,同时 SAP 技能也比较强,这样如果项目成员 D 请假时,项目成员 A 就可以作为项目成员 D 的备选人员。
- 项目成员目前具有哪些知识技能?从图 5-4 中我们可以很容易看出,哪些技能分布在哪些项目成员身上。
- 知识技能应以哪些方式扩散?从图 5-4 中我们可以看出,四位项目成员都有各自精通的知识技能,可以作为互相请教的基准。例如,项目成员 D 可以向成员 A 请教 Java 的技能，向 B 请教 .NET 的技能。
- 应该让同事接受哪些培训和训练？要回答这个问题，就必须参照人员技能地图和岗位技能地图两者的差异。一方面，项目成员来自不同的专业背景，并且在担任现职的过程中积累了不少经验和知识，因此对于这些项目成员的技能应不断更新；另一方面，随着时间和环境的变化，公司可能面临一些原本未定义的工作需求（如组织人员增加、兼并等），而员工也希望在工作生涯中，可以转任其他性质的工作，这样岗位技能地图就必须加以更新参考。从这两方面的差异我们可以清晰地看出，作为某一个项目成员应接受哪些培训才能胜任某项工作。例如，对于项目成员 D 来说，必须接受 Java 方面的培训并辅以在岗培训才能胜任岗位 2（Job 2）。
- 应该找具有哪些知识技能的人？从岗位技能地图上我们可以看出，要从事岗位 1（Job 1），就必须找 .NET 和 Project Mgt 都精通的人。如果有项目成员也想从事岗位 1（Job 1），他必须从职位描述的几项技能上加以准备，这样可以有章可循，并且也可以找到自己的不足。
- 这些人在公司的什么地方？每当公司出现一个空缺职位时，即可通过技能地图进行查询，寻找大部分符合需求的人才。
- 哪些人经由哪些培训可以符合需求？公司岗位的原则是"因事设人"。因此如果让某位同事从事某项工作，必须从人员技能地图和岗位技能地图上分析差异，从而进行相应的培训。

从上面的分析中我们可以看出，技能地图的作用和效益是十分巨大的，尤其适合于组织的项目，因为项目之间的人员需求、技能需求和岗位需求往往有很大的相似性。

既然技能地图如此有用，究竟如何绘制技能地图呢？技能地图的架构应遵循以下三点。
- 技能标准统一化，即相关的技能标准必须是整个项目或整个公司认可的统一化的标准，这样在执行过程中，每个人对于某项技能的理解才不会有偏差，从而能够准确无误地评价自身或他人的技能水平。

- 技能测量与量化的岗位工作绩效和拥有的知识关联，技能并不是一成不变的。人们在工作和学习中，知识和技能是不断积累提升的，这就需要把技能的考量与量化的岗位绩效和其拥有的知识关联。激励员工将技能在工作中充分发挥出来，以提升工作绩效。同时鼓励员工贡献自己的知识，挖掘自身潜在的技能或方向，从而为公司或项目发现更为广阔的技能空间。
- 统一的技能测量分享平台，即针对技能测量,必须有统一的分享平台作支撑。例如，SharePoint 平台作为统一的数据库管理平台，可以更好地协调各部门或各项目进行技能分享。

下面是一个技能标准定义的实例（以商业分析技能为例）。

**新手级：** 没有商业分析的任何经验。

**入门级：**

- 对商业分析有基本的理解。
- 能设计简单通用的商业分析报告。

**中级：**

- 1年以上的商业分析相关经验。
- 能解决常见的商业分析问题。

**高级：**

- 3年以上的商业分析相关经验。
- 具备使用商业分析管理工具的能力。
- 具备基本的商业分析绩效调优的能力。

**专家级：**

- 5年以上的商业分析相关经验。
- 具备高级的商业分析绩效调优的能力。

## 案例 5.5　新世界百货的技能地图变革

### 案例背景

新世界百货中国有限公司（简称新世界百货）是我们比较熟悉的一家零售业公

司。近年来,新世界百货的年度利润同比大幅增长,以2017年为例,增幅约在182.6%,是2016年同期的3倍。利润大幅增长源于其采取了一系列创新变革举措。

一是发展多元业态,推行"一店一策"。根据各门店经营状况梳理市场定位,划分为新型百货、类购物中心、购物中心和城市奥莱四个类别。推行一站式购物百货"生活馆"及主题性百货"时尚馆"的全新经营模式,满足不同顾客的需求,升级购物体验。"时尚馆"以时尚及个性为主题,强调混搭风格体现"潮""新""优"的特点,并设置多媒体空间和艺术品布置,致力成为市场潮流地标。图5-6所示为新世界百货LOL原创生活。

图5-6 新世界百货LOL原创生活

二是打造自有品牌体系,大力拓展自营业务,强化特色自营商品,以提高商品个性和毛利率。自营品牌包括LOL原创生活、N+烘焙、N+优品、N+便利等八个品牌,其中LOL原创生活业绩同比增长近30%。2017年还创立了全新自有品牌"新说零售空间"进驻上海五角场店,搜罗国内设计师原创品牌并汇集服饰、配饰、生活创意产品、互动DIY和快闪等时尚元素组合,以商品的高性价比和高上新率为竞争优势。

三是注重多元化和优质商品组合,为顾客选取最需要、最合适的商品。新世界百货引入顾客导向营运模式,应顾客需求引进多个国际品牌极具个性时尚品牌,并提高每年品牌淘汰率至25%,以带动专柜销售,并鼓励分店与战略品牌举办"品牌日"活动。

四是积极推进数字化升级。与互联网公司合作,加强线上营销、大数据分析及社交互动等技术的应用，以数据驱动业务决策。推出以微信为主要页面的顾客关系管理平台，增强数码影像、行为标签、大数据引流及自媒体营销等互联网创新互动技术，强化与顾客间的双向沟通。

### 案例分析

创新措施需要有合适的人来实施，因此新世界百货一系列创新变革举措的背后是人员技能的变革。从多元生态、自有品牌、时尚品牌，到数字化升级，每个创新变革都需要有相应的技能人才来支撑。例如，数字化升级所需要的数据分析人才包括一系列的技能：数学知识、分析工具、编程语言、业务理解、逻辑思维、数据可视化、协调沟通和快速学习等。而且不同级别的数据分析师所需要的技能水平是不一样的。图5-7所示为数据分析师的技能地图。

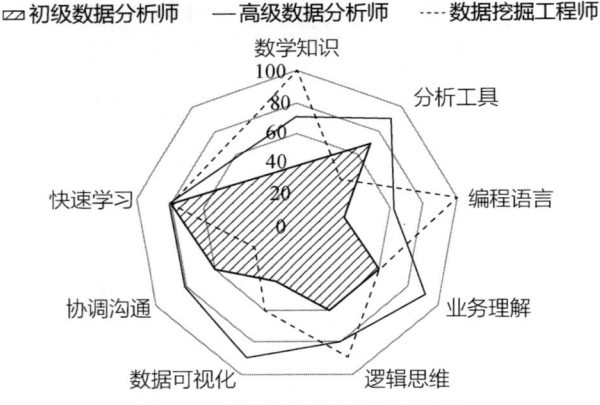

图5-7 数据分析师的技能地图

由上面的案例可知，无论发展什么样的业务，都需要有相应的技能人才来支撑，而技能地图则是项目人员技能管理的有效工具。

# 第6章 组织知识管理

## 本章内容

- 组织知识管理导入
- 知识管理战略规划
- 组织知识管理与组织文化构建
- 组织知识管理技术平台构建

## 本章案例

- 案例 6.1　三星 SDS 知识管理的阶段导入
- 案例 6.2　世界银行用"故事"把知识管理收益讲出来
- 案例 6.3　BP 知识管理收益案例
- 案例 6.4　中国惠普知识管理的战略目标
- 案例 6.5　3M 知识管理战略
- 案例 6.6　中银"信贷工厂"模式的知识员工结构
- 案例 6.7　摩托罗拉推行知识分享
- 案例 6.8　施乐公司的知识管理激励
- 案例 6.9　腾讯打造数字校园全场景服务
- 案例 6.10　中国内地的第一张信用卡背后的知识库管理
- 案例 6.11　巴克曼实验室知识社区管理
- 案例 6.12　微软的知识地图
- 案例 6.13　雪佛龙公司的最佳实践资源引导图
- 案例 6.14　TelTech 专家系统

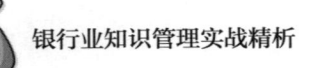

本章中我们会介绍一些其他行业的知识管理案例，作为"他山之石"来借鉴。

## 6.1 组织知识管理导入

具体来说，组织知识管理可以从五个阶段进行导入，如图 6-1 所示。而且我们能清晰地认识到：组织知识管理的目标不是知识管理系统本身，而是在组织各层面加强对知识重要性的认识（提高效率、改善绩效、提高创新）；组织知识管理不是为了充当工具或单纯地技术创新，而是改变人的行为——人与人的关系（企业与供应商、客户的关系）和工作流程及工作技能的选择和使用。组织知识管理的五个阶段如下所述。

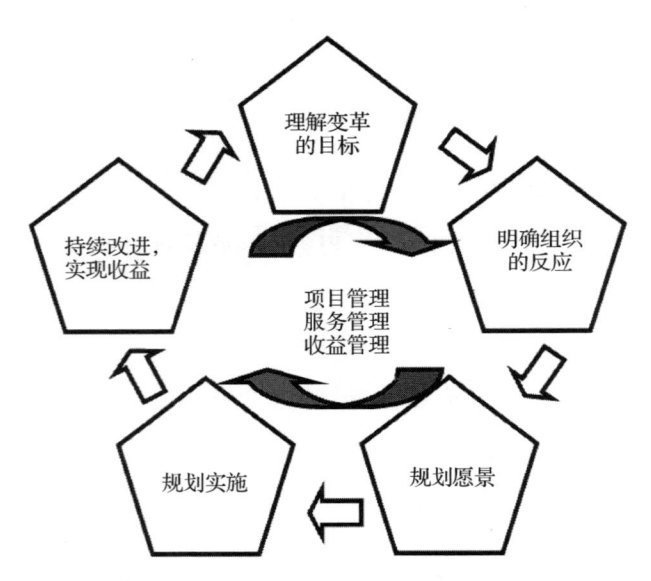

图 6-1　知识管理的五个阶段

- **理解变革的目标**：明确组织存在的问题和面临的挑战，并把这些与知识管理联系起来，制定相应的策略。
- **明确组织的反应**：评估组织内收集及使用知识管理的情况，设想愿景。分析管理者的控制力度、选择范围和现有资源。

- **规划愿景**：变革项目都有一条原则，即以现实为基础，放弃没有价值的领域。鼓励尝试是变革的基础，企业应小心翼翼地掌握好变革影响的范围。影响变革的五个核心因素是领导、人员、流程、技术和信息，将其整合到详细的战略中，并制订详细的行动计划。
- **规划实施**：从中间切入或从基层做起，不断创造效益并把范围逐渐扩大，鼓励各个层次进行变革。
- **持续改进，实现收益**：宣传你的变革并且根据反馈不断改进，从而争取越来越多的支持者和贡献者，产生不断增大的蝴蝶效应。

在这个过程中，知识管理始终贯穿着项目管理、服务管理和收益管理。我们应保持清醒的认知，针对目前的知识管理阶段进行细化分析，这样才能针对当前的"短板"做出正确的决策。

下面，我们通过三星 SDS 知识管理案例帮助大家更好地理解知识管理的五个阶段导入原理。

## 案例 6.1　三星 SDS 知识管理的阶段导入

### 案例背景

三星 SDS 的业务范围包括系统集成、软件开发、咨询以及培训等，在全球系统集成行业中排名第七。三星 SDS 的知识管理是在该公司总部 CEO 的个人决策下开始实施的。通过评估与咨询，三星 SDS 制定了知识管理推广战略，成立了知识管理推广组织并决定自行开发知识管理系统。

三星 SDS 知识管理系统的目标：形成以专家为主导的组织文化，培养技术人才，引导新员工快速融入；确保高附加值的事业竞争力，确立核心竞争力，提高生产力，优化客户服务；建立全球化知识体系，通过知识分享工具完成全球化的知识管理。

三星 SDS 知识管理的实施过程分为四个阶段：第一个阶段，用 2 年时间自行开发知识管理系统，包括建立、整理知识库；第二个阶段，用 1 年时间实现知识管理系统的大幅更新及改进,为项目成果的再利用确立业务流程,选定 109 名知识主管并确保其均为各事业部门的知识专家;第三个阶段,用 1 年时间通过引进电子货币,确立知识管理奖励制度,选定 450 名知识主管综合业务流程和知识管理流程;第四个阶段,推动整个知识管理系统的人性化发展,使用"知识门户"这个概念,建立社区知识活动体系。

据三星 SDS 高管透露:三星 SDS 知识管理成功的关键在于,其管理层对知识管理实施的长期积极推动。三星 SDS 为此设立了专门的部门和职位:首席知识官负责战略和决策的制定;知识管理部员工负责树立并实施全公司的知识管理体系,同时对各种知识管理活动进行策划并实施;事业部知识管理员负责树立并实施事业部的知识管理体系,引导事业部成员参加知识管理活动;部门知识管理员负责挖掘适合各部门特征的内容并引导部门成员参加知识管理活动;知识主管负责管理其负责领域的知识(知识验证、知识更新等)和推荐优秀知识。

三星 SDS 非常重视知识库的建立,在企业内部有一个被称为"泉水"的知识库被不断升级,其中 70%~80%的内容对企业内所有员工开放,其余部分因涉及公司战略只对公司高层开放。三星 SDS 在开始实施知识管理时遇到的最大问题是所有 IT 公司都有的:技术人员不愿意将资料和技术分享给他人。为了吸引员工参与分享知识,三星 SDS 最初不得不采取"电子货币"的方式对贡献知识与下载知识的员工进行奖励。

公司高层很高兴看到三星 SDS 在实施知识管理后,公司文化发生了巨大的变化。曾在三星航空公司工作过的同事表示:在知识管理系统的帮助下,加入三星 SDS 的新人们不用再吃前辈的苦了,知识管理使他们能够共享前辈的经验,从而工作压力更小、工作效率更高了。

对于知识管理者来说,三星 SDS 知识管理系统所面临的新挑战是如何不断地更新并完善系统,使之更人性化、更方便于员工之间的互相交流。

三星 SDS 的这种由上而下的知识管理推动取得了较好的效果：三星 SDS 获得了首届亚洲 MAKE（最受钦佩的知识型企业）奖；整个三星 SDS 通过知识管理系统节省了大量的成本。

三星 SDS 通过开发知识管理系统、设立知识管理组织机构和制定管理奖励制度等多种方式，成功地实施了知识管理并取得了较大成效。

### 案例分析

就像上面案例所说的，三星 SDS 知识管理的实施过程分为四个阶段：第一个阶段是建立、整理知识库；第二个阶段是确立业务流程，选定各事业部门的知识专家；第三个阶段是确立知识管理奖励制度，将业务流程和知识管理流程结合在一起；第四个阶段是建立社区知识活动体系。

在知识管理的实施初期，公司高层的支持是至关重要的。由于在初期作为知识管理人员的威信未立，短期内很难在全公司的范围内聚合支持人员产生蝴蝶效应，因此我们在这一阶段应考虑借力的必要性。

对于知识管理的收益，我们应充分发挥讲故事的作用，以获取更多的支持者参与到知识管理的活动或平台中。

## 案例 6.2  世界银行用"故事"把知识管理收益讲出来

### 案例背景

"故事"改变了世界银行。世界银行的前知识管理项目总负责人斯蒂芬·丹宁在他的作品《跳板：故事如何激发知识时代组织的行动》中详细记述了他在世界银行促进变革的经历。

斯蒂芬·丹宁很早就发现"故事"在知识管理和组织变革中的作用。当时他致力于把世界银行变革成一个知识分享的组织。他察觉到世界银行在信息系统管理上花费了巨额的资金，但效果很不理想，他认为：只有组织内部的专家才能获得想要的相关知识；对于组织外部人员，除非想要与世界银行进行某些业务往来，否则无法获得这些知识。作为一个世界性的金融机构，世界银行似乎只愿意把主要精力集中在它的金融业务上，同时它也是一个出了名的顽固的、不易变革的组织。

想要改变这种现状的斯蒂芬·丹宁开始了他的说服工作。他开始运用他职业生涯中所能运用到的多种沟通手段，如幻灯片、图表、书面报告和面谈等，试图以此让世界银行的经理们接受知识管理的观念。他为经理们解释了关于知识管理最权威的概念，但是无济于事；他运用图表讲解知识管理，虽然对方开始变得感兴趣了，但是倾听之后他们仍然是一脸茫然的表情；斯蒂芬·丹宁试图与经理们进行单独面对面的谈话，这样的谈话有一定的效果，但太耗费时间了，他不可能跟每一位经理都单独谈上几个小时。

但当斯蒂芬·丹宁向世界银行的经理们讲述一个关于赞比亚医务工作者的故事的时候，情况开始发生变化了——在赞比亚一个叫卡马那的城市里，一位医务工作者苦于没有治疗疟疾的方案，于是他登录美国亚特兰大疾病控制中心的网站，用了很短的时间就找到了他想要的资料。听完这个故事后世界银行的经理们开始有了回应，经理们开始讨论知识管理，接着又请示了总裁。在世界银行的年度会议上当着170位经理的面，总裁宣布要把世界银行变革成一个知识分享的组织。

然而2008年金融危机发生的时候，世界银行的知识管理计划遭受到了质疑。当时，整个世界的金融秩序一团糟，世界银行内部开始出现了一些这样的想法：作为一个世界性的金融机构，此时世界银行应该把精力全部放在其金融业务上，何必要把精力放在知识管理上呢？在世界银行的一次高层会议上，斯蒂芬·丹宁被邀请为大家讲解知识管理的必要性，以及世界银行知识管理计划的进展情况。

斯蒂芬·丹宁认为如果他向世界银行的高层叙述一个关于知识管理的定义，那样对世界银行实施知识管理计划有弊无利，于是他决定换个方法：他向高层讲述了一个发生在会议几周之前的故事，这个故事是关于世界银行在巴基斯坦的一个工作小组的经历。

巴基斯坦政府要求我们在巴基斯坦的一个工作小组就公路问题给予他们帮助。

## 第6章 组织知识管理

他们已经无法正常维护公路了,急需尝试一种新的技术,而该技术并不是我们所建议过的。他们希望在几天内得到我们的答复。按照以往的惯例,我们不可能在这样短的时间内给出答复。如果工作小组四处搜寻资料,然后再给巴基斯坦政府提交方案,那要花费3个月或者6个月甚至更长的时间。工作小组的负责人给组织内外的公路专家群体发送了电子邮件,寻求在48小时内得到帮助,他们很快收到了回复。当天,在约旦公路部门的经理回复,在约旦他们运用了该项技术并且有很好的成效;也在同一天,在阿根廷的一位公路专家回复,他正在撰写相关主题的书,能够提供几十年来不同地区使用该项技术的相关情况;不久之后,南非公路当局的主管——专家群体的外部伙伴,向我们分享了南非运用该项技术的一些经验;新西兰公路当局则为我们提供了他们使用该项技术的一些指导方针。最后,我们在巴基斯坦的工作小组负责人很快向巴基斯坦政府答复:这是我们组织能提供的关于该项技术最好的方案……

斯蒂芬·丹宁发现通过这个故事使他能够与世界银行的高层进行有效的沟通,通过这个故事他能够向他们讲解知识管理的必要性,并强调在组织内建立学习群体的重要性。这个故事给世界银行高层带来的启发是:如果这种分享知识的机制不仅存在于公路部门,而是存在于整个组织,那么结果会是怎么样的呢?有了知识分享的组织是否能够进行更有效的运作呢?

通过上述经历,斯蒂芬·丹宁发现:故事叙述的效果并不是稍纵即逝的,也不是模糊不清甚至毫无价值的,事实上"故事"是改变世界银行的一种极其有力的工具。

用跳板能够实现一系列想要的变化,因此斯蒂芬·丹宁把这种能够使听众对变革的理解提升到一个新层次的故事叫作跳板故事(Springboard Story)。跳板故事的效果不在于它传递了大量的信息,而在于它激发了听众的理解能力,它让听众从故事中看到了在更广范围内进行变革的前景。

以往人们认为组织变革的理由解释得越清楚越好,因为人是理性的,人们在倾听理由后会加以权衡。如果理由足够好、足够充分,那么人们就会接受变革的理由并支持变革。而斯蒂芬·丹宁认为:事实上,在组织变革的理由被清楚地解释之前,听众的头脑中早已存在了他们认为的组织变革的真正原因。别人提出的组织变革的理由往往被认为侵害了听众的思想领域，因此这种沟通组织变革的方法似乎并不奏效。而且，在较大的组织内做到完全沟通也是件很困难的事。

而故事叙述的方式有利于听众理解、接受一种新的观点，并且故事并不会侵害他们的思想领域。例如，赞比亚医务工作者的故事对于世界银行的员工来说是一个几个月前发生在世界某一个角落的事实，讲述它不会遭到听众的抵触。如果以合适的时机选择合适的故事，那么结果是听众不仅会去感受赞比亚医务工作者的情景，而且会想象他们自己生活中发生这种事情的情景。"我不在医疗中心，我不在赞比亚，但我在拉美的公路部门，我也可以那么做。我们也可以以同样的方法来沟通我们的组织。""这件事发生在1995年的6月，在赞比亚——世界上最贫穷的国家之一，并不是在赞比亚的首都，而是在距离首都600公里以外的一个小村庄。我们还没这么做，我们没有把世界银行与世界各地的人们联系起来分享知识。但是如果我们那么做了呢？"……当这些想法成为听众自己的想法时，行动的可能性就存在了。

最初斯蒂芬·丹宁开始考虑在世界银行内实施知识管理计划的时候，几乎没有什么有利于实施知识管理的条件：没有高层的支持、没有策略、没有预算、没有激励政策、没有技术。四年之后情况发生了很大的变化，实施知识管理的条件逐渐就绪了。在斯蒂芬·丹宁看来，是跳板故事引发了世界银行的巨大变革。斯蒂芬·丹宁自己承认，要是在几年前有人问他故事叙述在组织中的作用时，他会认为很小，因为他认为知识是抽象的，应该用理性的方式来分享。但现在看来，"故事"的作用一直被忽视了。

**案例分析**

在知识管理中有一个最大的难点就是如何管理其隐形化的收益。如果要完全准确地量化知识管理的收益几乎是不可能的，但是我们可以考虑如何将知识管理的收益以公司或员工最关心的角度呈现出来。上面列举的斯蒂芬·丹宁给世界银行讲故事就是一个很好的案例。

如同案例中所说的，跳板故事能给那些寻求变革的组织提供一个有力的工具。下面列举了五个关于跳板故事的特征。

- 一个与听众心意相通的主角。跳板故事往往以主角的口吻陈述一个组织的典型困境。在赞比亚故事中，主角是医务工作者，他需要解决一个重要的问题，而他没有解决方案。斯蒂芬·丹宁认为：一个故事最好有一个主角，当听众能够与这个主角心意相通的时候，听众就会有身临其境的感觉。

- 出人意料的情节。跳板故事需要运用不同寻常的情节来吸引听众的注意力。只有当听众全神贯注地倾听故事时，故事的效果才有可能产生。赞比亚的故事很出人意料：在世界上几乎最贫穷的国家，医务工作者利用最先进的技术解决了他们所面临的难题。

- 真实的故事。尽管有的研究者赞同运用虚拟的故事，但斯蒂芬·丹宁坚持认为：只有真实的故事才能起到效果。因为虚拟的故事容易迷惑听众，并有可能导致听众的不信任。而且虚拟的故事也容易误导听众，让他们去关心一些根本不会发生的事情。因此，跳板故事尽管需要有出人意料的情节，但必须强调其真实性。斯蒂芬·丹宁认为讲述发生时间越近的故事效果越好，如果说"这是两周前的一个故事"，那么给人的现实感就会很强。

- 尽可能简单的故事。斯蒂芬·丹宁认为不需要传统的故事那种太花哨的叙述技巧，他的目的不是让听众沉浸在故事的细节里。跳板故事需要给听众留下足够的空间让他们想象，想象自己的故事，想象变革的前景。因此，在赞比亚医务工作者的故事中，那位医务工作者是男是女，是医生还是护士，对斯蒂芬·丹宁来说都不是重点。

- 积极的结局。斯蒂芬·丹宁认为有一个好结局的故事最有效。他说他没有讲述过这样的故事："让我告诉你一个故事，某个组织因为没有推行知识管理，结果破产了。"在斯蒂芬·丹宁看来，人们听到这样的故事只会感到很厌烦，而一旦故事讲述完毕，人们行动的可能性也会减弱。有一个好结局的故事会激发人们变革的热情，给听众提供一个变革的前景。

成功地讲述跳板故事需要掌握一定的技巧。关于技巧方面，斯蒂芬·丹宁也给出了以下五条建议。

- 故事的陈述需要有明确的目的。斯蒂芬·丹宁认为：不应该在目的不明的情况下就进行故事陈述。只有当确定明确的目的后，才能有针对性地进行故事陈述。

- 对听众有相当的了解。为了更好地陈述故事，陈述者可以先与听众相处一段时间，对听众的了解越深刻，故事陈述的效果就越好。

- 故事陈述前做些准备。斯蒂芬·丹宁建议故事陈述者最好先在小范围内陈述故事，比如先向自己的朋友面对面地陈述故事，看看故事的效果。在没有充分准备的情况下就面对很多的听众去陈述故事，则很容易出现不好的结果。

- 故事陈述者必须充满激情。故事陈述者需要用自己的激情去感染听众，听众才会对故事产生反应。

- 不要排斥分析。斯蒂芬·丹宁一再强调：故事不是万灵药，很多知识的传递是故事无法做到的，比如技术知识、系统知识。但故事让人们更容易接纳某些观点，让人们以一种不同的方式来理解知识。因此应该强调故事与分析的结合。

## 案例 6.3　BP 知识管理收益案例

### 案例背景

BP 阿莫科公司（下简称 BP）的首席知识官格林斯和他的小组利用知识管理的方法为 BP 节省了 7 亿美元。BP 的首席执行官约翰·布朗评价格林斯："格林斯是知识管理行当中的头号赚钱高手。"

约翰·布朗邀请格林斯领导一个项目，其任务是通过分享最好的做法、重复利用知识、加快学习过程,以及诸如此类的手段来改善公司的业绩。格林斯和他的小组的九名成员一起,利用第一年的时间深入钻研,对 BP 原来所采取的策略进行了一些调整,当年就为公司节省了 2000 万美元。第二年他们开始努力地干了起来,使公司全年的财务盈余增加了 2.6 亿美元。他们是怎样做到的呢?

在呆板的、分权管理的 BP,126 个业务部门的负责人要与公司签订有关财务、环保及其他方面的"业绩承包书",之后只能好自为之了。因此,格林斯开始物色那些有着艰巨任务,需要并且敢于请求帮助的人。

这里揭示出了知识管理的两项关键原则。

- 第一,周密筹划你的试验项目以便使其获得成功。具体做法是物色那些能让这些项目起作用的人,同时回避玩世不恭和溜须拍马者。
- 第二,每一个公司都有你可以依靠的显著的文化特征。在 BP,"业绩承包书"具有誓言一般的严肃性,人们将会竭尽全力确保实现他们的承诺。

格林斯总共开发了 15 个能够利用知识管理赚钱的项目,其中包括帮助公司进入日本零售市场、缩短一个聚乙烯生产厂的停工期、对鹿特丹的一家炼油厂进行歇业检修——预定的停工休整等。

格林斯用下面的一番话阐明了一项关键的原则:"如果你说'告诉我你所知道的关于某某事情的所有情况',人们会有抵触心理,倒不是因为他们不想告诉你,而是因为这听起来像是一件艰巨的差事。但是如果你问得非常具体,他们会很高兴地回答你。"这个办法,格林斯称之为"**同行协助**"。

格林斯的另一个办法是"**战后评论**"。这是从美国陆军的做法中借鉴而来的,它指的是一边做事一边学习,利用短短的 15 分钟时间询问以下四个评估性问题。

- 原本应该发生什么事情?
- 实际上发生了什么事情?
- 为什么会出现变化?
- 我们能够从中汲取什么教训来指导实践?

"反思"的办法是指进行更为详尽的事后剖析。

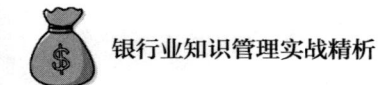

这些手段本身都十分管用，而且它们还可以应用在网络的创建上。格林斯总共创建了20项这种知识资产，题目主要为以下三个。

- 对于结构调整，BP 了解些什么？
- 对于在新市场建立销售点呢？
- 对于炼油厂的停产检修呢？

格林斯强调说："它们并不是最重要的东西。在任何知识资产中，最重要的东西都是与有关人员的联系。"

格林斯的另外两种手段是借助技术与人员的联系。

- 其一是为了方便寻求专家帮助，他在内部网络上建立了一个志愿性的内联网**"电话簿"**，有1.2万多名员工（公司的员工总人数约为10万名）已经把自己纳入了"链接"中。
- 其二是召集电脑桌面**视频会议**，发送多媒体电子邮件，让身处异地者实时共享"白板"等。它的功能很强大，能使委内瑞拉的某员工通过虚拟方式"坐"到阿拉斯加的同事身旁。格林斯说，"虚拟团队协作"是他工作中唯一需要付出"昂贵"代价的部分。

格林斯几乎没有发明任何东西。BP 的这套"工具"很好地证明了重复利用好的创意可以带来数亿元的价值。格林斯估计，BP 中有 30~40 个业务部门已经把知识管理的概念和手段融会贯通了，还有更多业务部门正在迎头赶上。已有300多人自告奋勇成为了兼职的知识管理经理。格林斯说："我想我弄丢了自己的饭碗。"

### 案例分析

如同前面所述，知识管理的收益往往难以测量。而 BP 的首席知识官格林斯所用的知识管理收益测量方法是将知识管理与项目关联起来，其总体原则是分享最佳实践和复用知识。而所用的手段主要有 2 种方法和 2 种技术：2 种方法分别是"同行协助"和"战后评论"；2 种技术分别是"电话簿"和"视频会议"。通过上述手段从而能将 Know-who、Know-where、Know-what 这三类知识进行快速捕捉。

## 6.2 知识管理战略规划

在知识高速发展的今天，不知道"知识经济"这个词汇的经理人恐怕已经不多了，但是能够很理性地对知识进行管理，并建立相应战略的组织并不多。事实上，只有进行科学的知识管理战略规划，组织才能有计划地进行知识管理，挖掘出知识资源的最大潜能，提升企业的核心竞争力。

知识管理的战略规划主要是通过分析组织的发展战略，找出组织知识管理的目标，形成知识管理的愿景。通过评估知识管理现状，找出差距、分清重点、确定一系列目标及其实现的顺序。

### 6.2.1 知识管理战略目标的制定

**提升组织创新能力**：知识的生命力在于创新。在以技术快速更新和产品生命周期不断缩短为特征的企业竞争中，创新往往是保持长久竞争优势的重要源泉。为此企业要持续地鼓励和培育新思想、新主张，最大限度地把员工凝聚到献计献策和通力合作的论坛中来，共同创建新的产品和服务，比如一些企业的创新论坛就是这种创新能力的体现。

**加快组织反应能力**：一个企业通过确定"谁""什么""何时""何处"，就能够迅速协调各种资源对用户和事件做出回应，比如企业可以在短时间内通过集中人力资源和智力资源满足用户的某些特殊要求。

**提高组织生产力**：实施知识管理之前，管理人员经常挂在嘴边的一句话是"我们不知道我们掌握些什么"，员工们也总是机械地劳动，不善于总结专业技能和实践经验、教训，因而总感觉组织的生产力仍有潜能，却不知从何挖掘。知识管理通过有效的文档化、分类化传递企业的知识资产，使左手能够了解右手在做什么。这样企业可以缩短知识循环时间，最大限度地减少重复劳动，并从中获得更多的效益。

**增强组织员工技能素质**：一个企业要想保持竞争力，就必须提高员工的技能素

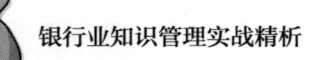

质。为此，员工要通过在线培训、远程学习和企业网络资源浏览来学习新知识。下面关于中国惠普有限公司知识管理的案例典型地说明了知识管理战略目标的制定过程。

## 案例6.4  中国惠普知识管理的战略目标

### 案例背景

一个新人进入公司后，没有人告诉他该去见什么样的客户，见客户的时候应该做什么、应该说什么，很多人都是凭着自己的感觉走，可能要碰几次钉子、摔几个跟头，甚至在得罪几个客户之后，才能慢慢地悟出其中的道理。

一些业务上的错误在一个部门刚刚发生过，几天后在该部门又发生一次，几个月后在其他部门又发生类似的问题。

惠普员工的很多工作经验、教训不能让整个机构吸取，同时很多经验也会由于一些资深员工的离职而被带走。

2001年初，时任中国惠普公司助理总裁的高建华接到一个任务——协助各部门领导人制定战略规划。他很快发现，战略规划在公司很难被推行下去。一开始，大家认为是工作流程不合理，但流程理顺后还是有问题。

这是一个普遍存在于许多公司的现象。两名惠普员工在一起吃午餐，当他们聊起对刚制订的战略规划的看法时，发现彼此对其理解并不一致。由于不同员工在公司的职位不同、转述问题方式不同、分析看待问题角度不同，使得战略规划在传递过程中出现失真或偏差。

"尽管惠普公司已经在全球建立了一套知识共享体系，但主要局限在研发和技术部门，像中国惠普这样以销售为主的分支机构，尚无共享体系。"高建华认为，缺乏足够的知识和不能信息共享，是症结所在。

这些问题虽不是战略规划能够解决的，却是战略规划得以实施的基础。然而，知识管理究竟该如何做？高建华一时也弄不清楚。当问题汇报给时任惠普中国区总裁孙振耀时，孙振耀对此很感兴趣，他对高建华说："这件事一定要做，你去准备一下，提个方案，落实下去。"

当年，中国惠普就成立了知识管理委员会。两个月后，高建华成为了中国惠普首任 CKO（首席知识官），在惠普亚太区这样的职位还是首次出现。

高建华在提交孙振耀的方案中，为知识管理提出了以下三个目标。

- 提高组织智商，让团队更聪明。
- 减少重复劳动，对已经有人做过了的事，后人没必要再摸着石头过河。
- 避免"组织失忆"，如技术人员带走技术、销售人员带走客户等。

确定以上三个目标后，惠普公司逐渐将需要管理的知识整理成文，成为了公司的战略规划和员工的经验、智慧。这其中包括一系列分类整理汇总的标准文件，其内容涵盖从企业发展到如何与客户沟通等多个方面，使员工能够迅速掌握关于企业以及如何拓展业务流程的基本知识。

### 案例分析

知识管理成功的保障是高层的支持，而成功的前提是要有明确的战略目标。中国惠普的知识管理成功的前提就在于，其确定了知识管理的三个目标：提高组织智商、减少重复劳动和避免"组织失忆"。有了这三个目标，中国惠普公司的知识管理就有了方向，有了一系列员工经验和智慧的积累。

## 6.2.2 选择知识管理战略

知识管理战略选择包括重心选择和模式选择两大部分。重心选择包括以下六种战略。

**商业战略**：这种战略适用于以销售知识为主的企业，如咨询、软件、金融投资等行业。这些企业常常将知识看作一种产品，他们开展知识管理时，深信知识管理将会对企业的收益率和生存能力产生直接而显著的积极影响。对于这类企业而言，知识资本是企业的核心竞争力，是企业产品和服务的基础。

**知识与最佳实践转移战略**：这种战略的目的是改善管理或把知识融入产品和服务中。对于大多数企业来说，在生产、制造以及销售活动中都面临着知识的再利用问题，它既包括对以前积累的知识的再利用，也包括对一些成功经验的再利用。

**智力资产管理战略**：采用这种战略的企业意识到应培养每一位员工具有执行高水平工作的知识和能力的"底线"价值，但是他们也明白发展这些技能基本上要依靠个人的行为。智力资产管理战略围绕着专利、技术、操作实践和管理实践、客户关系、组织结构和其他知识资产而进行。管理重点集中在更新、组织、评价、安全保护和提高资产的可利用性上，并将其市场化。

**创新与知识创造战略**：这种战略强调通过基础研究与开发和应用研究与开发来创造新知识。实施这种战略的企业表达了他们在知识螺旋中攀登，并不断发现"新的、更好的工作与创新的方法"。他们认为创新是成长的核心，独特的知识和专家经验提高了他们在市场中的竞争力。

**以客户为中心的知识战略**：这种战略的目的是捕捉、开发和转移知识，并且充分了解客户的需求、偏好和业务。这种战略能让我们从客户那里学到知识，而且我们了解他们的需求越透彻，解决相应的问题也就越有效，对企业的知识战略重心的选择和开发就越有益处。

**确立个人对知识的责任的战略**：当企业确立个人对知识的责任时必须支持个人，个人对确认、维持、扩展他们自己的知识以及更新、分享他们的智力资产负有责任。这是一种"拉"的战略，是依靠个人的主动性，而不是组织的主动性。一些企业正在为个人主动分享知识制定激励政策，在组织中鼓励知识分享的文化。

知识管理战略的模式选择包括以下两种战略。

**编码战略**：编码战略是指将知识与知识开发者剥离，以达到知识独立于特定的个体或组织的目的；而后，知识再经过提取、汇编并存储于数据库中，以供人们随时反复调用的战略。

**人格化战略**：人格化战略是指知识与其开发者紧密地联结在一起，知识主要通过直接的面对面的接触来进行分享。

## 案例 6.5　3M 知识管理战略

### 案例背景

美国明尼苏达矿业制造公司（Minnesota Mining Manufacturing Company）因为英文名称头三个单词以 M 开头，所以简称为 3M 公司。3M 公司以为员工提供创新的环境而著称，其视革新为成长的方式、视新产品为生命。3M 公司的目标是：每年销售额的 30%从过去 4 年研发的产品中取得。每年，3M 公司都要研发 200 多种新产品。它那传奇般注重创新的精神已使 3M 公司连续多年成为美国最受欢迎的企业之一。在过去的 15 年中，著名的《财富》杂志每年都出版一份美国企业排行榜，其中有 10 年 3M 公司都名列前十。面对知识经济的挑战，3M 公司的知识创新实践为其他企业提供了不可多得的成功范例。

新产品不是自然诞生的。3M 公司的知识创新秘诀之一就是努力创造一个有助于创新的内部环境，这不但包括硬性的研发投入，如 3M 公司通常每年要投资销售额的 7%左右用于新产品的研究和开发，这个比例相当于一般公司的两倍，更重要的是建立有利于创新的企业文化。

企业文化突出表现为鼓励创新的精神。3M 公司的企业价值观是：坚持不懈、从失败中学习、好奇心、耐心、事必躬亲的管理风格、个人主观能动性、合作小组、发挥好主意的威力。3M 公司的文化中有三个关键词：英雄、自由、坚韧。英雄：公司的创新英雄向员工们证明，在 3M 公司宣传新思想、开创新产业是完全可能取得成功的，如果你成功了，你就会得到公司的认可和奖励。自由：员工不仅可以自由表达自己的观点，而且能得到公司的鼓励和支持。坚韧：当管理人员对一个主意或计划说"不"时，员工就明白他们的真正意思，那就是从现在来看大家还不能接受这个主意，需要回去再看看能不能找到一个可以让人接受的方法。

对于一个以知识创新为生存依托的公司而言，3M 公司认为有强烈的创新意识和创新精神的员工是实现公司价值的最大资源。因此 3M 公司的管理人员相信，建立有利于创新的文化氛围是非常重要的。3M 公司尊重个人的尊严和价值，鼓励员工各施所长，提供一个公平的、有挑战性的、没有偏见的、大家分工协作的工作环境。主管和经理对员工的表现与发展负责，鼓励员工发挥主观能动性，为其提供创新方面的指导与发挥空间。冒险与创新是公司发展的必然条件，要在相互尊重的氛围中给予员工鼓励和支持。

知识的交流在知识分享中相当重要，它将知识传送出去并且反馈回来，加强了知识在组织内部的流动。信息技术的应用为这个环节的实施提供了便利条件，尤其是网络技术的应用。知识交流也需要来自公司高级管理层的重视，它要求公司的管理层把集体知识分享和创新视为赢得公司竞争优势的支柱。如果员工为了保住自己的工作而独享知识，如果公司所采取的安全措施和公司文化常常是为了鼓励保密而非知识分享，那么这将给公司造成巨大的损失。

对于那些想从员工中得到最大收益的 3M 公司管理人员来说，知识分享最可靠的方法就是交流。3M 公司的集体协作气氛、经常性联络制度和员工们的主动精神，使得交流可以在不经意间发生，人们会主动地把信息和主张汇集在一起，大家聚在一起进行交流产生了意想不到的效果，公司每天都会产生各种各样的新思想和新技术。在公司规模还不大的时候，实验室主任便在每个星期五的下午召集员工坐在一起，大家边喝咖啡边交流各自的研究成果。现在，3M 公司在世界各地设有上百个分公司，因此大家要面对面坐在一起进行交流已经不那么容易了。管理人员会通过各种视频会议、跨学科小组、通信网络和数据库等方式将大家聚集在一起。

技术论坛就是 3M 公司创新活动的知识共享平台，是一个具有管理框架的大型志愿者组织，其成员有数千人，每天都有各种活动。技术论坛成立的目的在于鼓励信息的自由交换，为研究人员相互交流心得和解决疑难问题创造条件，是公司员工相互联络的平台。技术论坛下设分会、委员会。技术论坛分会主要讨论技术问题，包括诸如物理分会、生活科学分会和产品设计分会等；技术论坛负责组织各种活动、教育和交流事务。有人专门负责3M公司员工与其他公司人员进行交流的活动，这个组织还通过公司内部的电视系统向全美各地的分部传送活动情况。组织还会向技术论坛成员定期分发公司的业务通讯稿。员工在相互信任的气氛中交流受益无穷，这是一种文化、一种氛围。更重要的是要培养一种环境，在这种环境中员工可以与其他部门的人自由组合，同时每个人都愿意与他人分享自己所掌握的信息与知识。

通过正确的人员安置、定位和发展提高员工的个人能力。公司发展既是员工的责任，也是各级主管的责任。提供公平的个人发展的机会，对表现优秀的员工给予公平合理的奖励。3M公司鼓励每一名员工开发新产品，公司有名的"15%规则"允许每个技术人员最多可用15%的工作时间来"干私活"，即搞个人感兴趣的方案，不管这些方案是否直接有利于公司。当产生一个有"希望"的构思时，3M公司会组织一个由该构思的开发者以及来自生产、销售、营销和法律部门的志愿者组成的风险小组，并保护该小组使其免受公司苛刻的制度约束。该风险小组的成员始终待在一起研发新产品直到它成功或失败，然后再回到各自原先的工作岗位上。每年3M公司都会把"进步奖"授予那些新产品开发之后的3年时间，在美国销售额达200万美元或者在全世界销售额达400万美元的风险小组。

3M公司在组织结构上采取不断分化出新分部的分散经营形式，而不沿用一般的矩阵型组织结构。组织新事业开拓组或项目工作组，人员来自各个部门且全是志愿者。公司提供经营保证和按酬创新，只要员工有新主意，他便可以在公司任何一个分部申请资金。若新产品研发出来了，该员工不仅能得到物质奖励，还可以得到晋升机会，比如一位基础工程师当他创造的产品进入市场后，他的职称会发生变化：当产品销售额达到2000万美元时，他将成为"产品系列工程经理"；当产品销售额达到5000万美元时就能成立一个独立产品部门，他将成为该部门的开发经理。

鼓励员工勇于革新。只要能发明新产品，员工就不会受到上级的任何干预。同时，允许有失败的结果，并且公司鼓励员工坚持到底。3M公司宗旨中明确提出：决不可扼杀任何有关新产品的构思，在公司上下努力养成以自主、革新、个人主动性和创造性为核心的价值观。这是因为，3M 公司知道为了获得更大的成功，它必须尝试成千上万种新产品构思，把错误和失败当作是创造和革新的正常组成部分。事实上，它的哲学似乎成了"如果你不犯错，你可能不再做任何事情"。正如后来的事实所证明的，许多"大错误"都成就了 3M 公司的一些产品。3M 公司的老员工很爱讲关于一个化学家的故事——这个化学家不小心把一种化学混合物溅到网球鞋上，几天之后他注意到溅有这种化学混合物的鞋面部分不容易变脏，该化学混合物后来成为了斯可佳牌织物保护剂。

3M 公司把创新分为三个主要阶段：涂鸦式创新、设计式创新和指导下的创新。这些阶段从大到小呈漏斗状。首先是创新的大胆初步设想得到一致的认可和赞许，再逐渐演变为更加深入和集中的努力。在整个过程中，实现众人支持与专人负责之间的平衡，并按照不同阶段逐步增加人力和资金的投入。到了最终阶段，方法和落实要根据经营策略和市场状况来决定。

在具体实施中，3M 公司坚持以下三个原则。

- 弹性目标原则。弹性目标是培养创新的一种管理工具，其方法就是制定雄心勃勃但切合实际的目标。3M 公司制定的目标数量并不多，其中有一个目标就是专门用于加大创新步伐的，该目标规定每年的销售额中至少应该有 30% 来自过去 4 年所研发的产品。

- 视而不见原则。3M 公司的管理人员必须有一定的容忍能力，因为即使管理人员屡次想要取消在他看来不切实际的研究计划，但研究人员也可能顽固地坚持己见。

- 授权原则。授权是在员工已做好创新的思想准备之后让他们开始工作，创新主要还要靠他们自身的动力。当他们在发明创造时，公司要及时向他们提供帮助。

面对知识管理的挑战，3M 公司在战略层次上的知识创新实践，为其他企业提供了不可多得的范例。

> **案例分析**
>
> 3M 公司是一家以知识创新为生存依托的公司。3M 公司知识创新的核心表现在知识交流上，这包括基于网络的知识交流、边喝咖啡边交流和技术论坛。
>
> 3M 公司把创新分为三个主要阶段：涂鸦式创新、设计式创新和指导下的创新，并从上到下鼓励知识创新的行为，反映了该公司独特的创新文化。
>
> 3M 公司坚持的弹性目标原则、视而不见原则和授权原则，都是知识创新得以实施的基础。

## 6.3 组织知识管理与组织文化构建

### 6.3.1 设置知识管理人

在知识经济时代，知识将成为社会生产价值构成的主力。在优秀的知识管理系统中，企业传统的管理层次、组织结构和地域限制将被打破，这将使企业中的员工更好地利用知识来参与企业运作。好的知识管理系统可以使知识在精心设计的管理过程中沉淀下来，以便在更大的范围内分享。这样做可以使知识进一步脱离独立的员工成为企业资源，大大提高了企业的竞争力。

组织实施知识管理通常需要设置以下三类角色。

**首席知识官**（Chief Knowledge Officer，CKO）：负责整个企业的所有知识领导层的协调和合作。CKO 一般是 CEO 特许的，而且通常属于 IT 部门的一部分。CKO 的工作重点是知识领导层的构建，在知识分享、激励文化以及知识领导层的基本规则被企业认可之前，CKO 是没有任何权利的。

**知识经理**（Knowledge Manager）：知识经理的角色类似于部门经理或项目经理。他们熟悉项目计划、项目内容、技术管理、技术方法、发展方向和技术新动态，辅助 CKO 逐步建立知识管理的框架、结构和内容。知识经理一般处于公司的中间层，他的大部分工作是在特定的项目中管理特定形式的知识或提高与知识相联系的特定

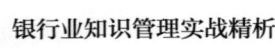

活动技能。现在许多IT企业的项目部经理就充当着知识项目管理者的角色。

**知识员工**（Knowledge Workers）：知识员工又称为知识工人、知识编辑，其主要工作是对信息资源进行处理，将未经加工的资源转化为知识。知识员工必须拥有擅长取材并能对知识结构进行整理的能力。

## 案例6.6　中银"信贷工厂"模式的知识员工结构

### 案例背景

中小微企业（中型、小型和微型企业，以下均简称"中小微企业"）作为市场经济中最具生机与活力的群体，贡献了50%以上的税收、60%以上的GDP、70%以上的技术创新，吸纳了80%以上的城镇劳动就业，占全部市场主体的比重超过90%，是中国经济增长、产业结构调整、解决就业和维持社会稳定的主体和基石。长期以来，中小微企业普遍面临融资难、融资贵的问题。一方面，中小微企业具有经营规模小、抗风险能力差、财务信息透明度低、缺乏有效担保等特点，与传统银行风险偏好相背离；另一方面，中小微企业融资需求具有"短、小、频、急"等特点，商业银行和传统公司信贷"三位一体"的审批模式难以满足其要求。

中国银行深刻认识到普惠金融服务的重要性。2007年，从市场调研入手实地走访了2000多家中小微企业，分析客户的经营特点和行为特征，在发展战略、经营理念、组织架构、业务流程、营销模式、风险管理、产品管理等各方面大胆变革，设计了中银"信贷工厂"这一业务新模式。2008年11月，在充分试点的基础上该模式面向全国推广。2018年12月，中国银行经过长期经验积累，在中银"信贷工厂"推出十年之际，对该模式进一步优化，推动实施了中银"信贷工厂2.0"。中银"信贷工厂"的广告如图6-2所示。

中银"信贷工厂"模式，在我国30家一级（直属）分行推行。通过"端对端"的工厂式"流水线"运作和专业化分工，根据中小微企业经营的特点与融资需求，丰富产品组合与方案设计，解决了中小微企业"短、小、频、急"的融资难题。中银"信贷工厂"为年销售额不超过3亿元的企业法人客户和具有独立融资权的非法人企业客户提供以授信服务为核心，涵盖结算服务、资金理财、个人业务、保险服务和投资银行在内的五大类产品的全面金融服务。

图 6-2　中银"信贷工厂"的广告

中银"信贷工厂"业务新模式自推出以来，已服务了大批中小微企业，为中小微企业的经营发展提供了有力支持。

### 案例分析

中银"信贷工厂"模式的成功不仅仅在于其对市场需求的把握，更是在于知识员工的设置和储备。中银"信贷工厂"的目标客户群是年销售额不超过 3 亿元的中小微企业，涵盖结算服务、资金理财、个人业务、保险服务和投资银行在内的五大类产品的全面金融服务。

这些业务既需要懂中小微企业客户的不同类别的知识员工，也需要知识员工的相应管理机制，这包括以下六个方面的转变。

一、**客户评判标准的转变**。以往银行考察中小微企业主要强调企业规模和财务指标，而新模式运用财务模型考察企业非财务信息后进行综合决策，强调收益覆盖风险加成本。

**二、营销管理的转变。**银行先进行市场调查，确定目标客户名单，再进行名单营销，由被动等客变为主动上门。同时设计了客户移交机制，防范员工道德风险。

　　**三、审批机制的转变。**银行将传统的"三位一体"决策机制转变为专业审批人专职审批，将客户重要信息简化成表格式标准信贷提案，大大缩短了审批时间。

　　**四、贷后管理的转变。**银行将传统的偏重依靠企业财务信息的被动式管理转变为以专职预警人员为主的主动管理，实时监控企业经营活动。

　　**五、问责机制的转变。**银行将以往出现不良授信逐笔问责机制转变为强调尽职免责、失职问责。

　　**六、风险管理的转变。**银行实现了由"情景分析""授信审批""风险预警""资产组合管理"和"反欺诈"组成的"五位一体"全流程风险管理体系。

### 6.3.2　建立知识型组织文化

　　许多研究表明，组织文化是影响知识管理或知识分享成效的关键。组织中分享知识的经验和知识管理的成功与组织文化相关，成功的知识管理依赖文化、管理和组织三个层面的配合。组织文化在知识管理的成效上，扮演着极其重要的角色。

　　组织在推行知识管理时，应当注意组织文化的变革，通过适当的管理制度塑造出适合组织知识管理的文化。然而究竟怎样的文化才适合知识管理呢？建立以下导向的文化是必要的。

　　**信任与合作的文化：**信任与合作是组织文化的基础，是实现知识交流、使用与分享的前提。有了组织内外成员之间的信任与合作，才能建立知识的良性循环，并朝着知识交流和分享的方向螺旋式上升。反之，则会出现知识的恶性循环，并朝着知识保护和封闭的方向螺旋式下降。

　　**知识分享和交流的文化：**组织需要营造一个知识分享的氛围，需要了解知识员工的想法——为什么要分享知识？这就需要改变知识员工的价值观，带动更多的员工在知识的分享中创造新价值。

**鼓励学习的文化**：学习是获取知识、促进发展、推动创新的必由之路，也会促进员工之间的信任和知识的交流与分享。组织文化会影响个人的学习，组织在推行知识管理之前需要创造鼓励学习的文化。如果组织文化不容许有多元意见，这样会降低员工们的学习兴趣。反之，在一个奖励信息开放的环境中，员工们的学习兴趣较高。

**创新与支持的文化**：要鼓励创新，公司的管理层必须愿意接受新观念与新事物，愿意承担员工创新的风险、接受员工创新的失败并鼓励员工多次尝试创新，而且还需要具备容错精神。如此公司才能有创新的文化，才能鼓励员工具有承担风险、当机立断的胆识，员工也会因此而比较主动地提出创新的"点子"。

## 案例 6.7　摩托罗拉推行知识分享

### 案例背景

知识管理最大的挑战在于如何鼓励员工分享知识，知识分享不是一个可以自行发展的过程。摩托罗拉鼓励在跨部门间推行各种提案活动，并以物质奖励来鼓励员工。主管会主动让员工了解知识投资不会像实际资本一样贬值，并营造一个鼓励员工分享知识的环境。

知识管理推行的最大助力及阻力，均来自公司内部全体员工，其最大的障碍来自缺乏分享的意愿、动机和习惯。人们花费很多时间发展个人知识，以凸显自己的能力，即所谓的"知识即能力"。传统观念中，员工担心自己辛苦获得或因时间累积而得的知识与他人分享后，职务将被其所取代或工作朝不保夕，害怕"教会徒弟，饿死师傅"，因此不愿对他人分享自己的知识。

成功的知识管理须通过企业文化的改造，改变员工的思维模式并培养"知识分享"的文化。摩托罗拉在每季推广活动中，主动让员工了解知识管理所推动的知识分享及创新对企业的重要性。跨部门的推广活动，可分享知识及整合其他部门意见，每个管理层都对活动给予高度支持并鼓励系统化的创新，使创新成为个人的优先目标，藉以改变员工的心态与行为。

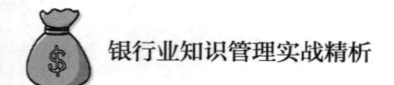

> **案例分析**
>
> 摩托罗拉通过推行知识型企业文化，在企业内部营造有利于员工成长、交流和分享知识的宽松环境，成功地进行了知识管理。

### 6.3.3 建立知识管理激励机制

人们需要激励才会参与分享知识，一名掌握很多知识的员工将自己的知识分享出来后，却没有在企业内得到任何正面的回应，无论如何对这名员工都是一种打击。因此整个企业需要建立一种针对知识分享的激励机制，将自己的知识拿出来分享的员工会得到相应的回报，而且知识的价值越高相应的回报也越高。传统鼓励知识分享员工的方法有额外奖励、薪酬提升、升职等，但许多研究表明激励知识分享还需要使用更多的方法。

**招聘愿意分享知识的员工**：企业希望拥有分享知识的员工、创立分享知识的组织文化就必须从招聘员工这一步做起，招聘时"钟情于"那些有奉献精神的员工。集体科技公司（Collective Technologies）的应聘过程通常持续几天，在此期间要求应聘者与在职员工进行广泛的商业及社会交流，这种过程最后以群体讨论的形式达到高潮。在职员工对应聘者的表现进行评估，只要有一个反对意见，应聘者就不能被录取。通过这种绩效评估，集体科技公司成功地招聘到了优秀的员工。

**营造信任的氛围**：依靠在员工之间及员工与公司之间建立信任的氛围来鼓励员工分享知识，只有那些值得信任的人，才是能够相互分享知识的人。巴克曼实验室（Buckman Laboratories）建立信任的过程开始于公司的十条道德信条：我们尊敬地对待每一位员工，致力于持续而又积极的交流方式；我们充分承认并奖励每一位员工的贡献……这些信条只有在员工相信公司会认真实施它们时，才能起到鼓励的作用。因此公司始终都以这些信条作为决策基础，比如员工评估表上的评估分数表明了他的行为是否符合信条的原则。

**鼓励各个阶层**：进行知识管理，必须触动每个阶层。凯捷安永咨询公司（Cap Gemini Ernst & Young）为了在员工中灌输这种思想，知识管理部门领导使用一种"三层次"方法，针对组织内部的不同层次设计出不同的激励方案：在行政管理层，必须让行政人员知道分享知识是很迫切的，向他们表明潜在的商业效果，并根据他们知晓公司市场行销次数及新产品上市的缩短天数等情况来衡量知识分享的结果；在部门管理层，则必须表明知识分享给各部门带来的益处；在员工管理层，公司应明确认定哪些是他们希望员工做的事与哪些是不希望员工做的事，并对员工的积极行为进行奖励。开展一项新的服务会涉及很多部门的运作，包括研究、行销、销售等，每个部门都有各自的责任，都须以其独特方法激励他们分享知识。

**建立公众承认文化**：从精神层面鼓励知识分享文化往往能起到意想不到的效果。哈里斯政府通信系统（Harris Government Communications Systems）构建了两个表扬计划：第一个计划是建立"荣誉墙"，在人们经常出入大楼的一段走廊的墙壁上贴上那些积极参与知识分享的员工姓名；第二个计划是表扬那些运用知识对公司做出贡献的员工，他们将得到荣誉证书并得到提名表扬，其荣誉也将永久记入档案。

**为分享而重组**：人们通常与同组的人分享知识，公司可使用各种激励手段鼓励不同小组之间的员工进行知识分享，或重组组织使人们成为不同小组的成员，从而扩大分享知识的范围。诺斯罗普·格鲁曼空战系统（Northrop Grumman Air Combat Systems）建立了综合产品小组，员工们都是核心功能小组的成员，他们来自工程、制造、产品及原料支持小组。同时，公司还通过会议、课程教授、导师培训等方式鼓励小组成员之间进行知识分享。员工通过一段时间的调整，也会习惯于利用这种新的分组方式实现知识分享。公司则根据员工在各小组中交往的能力，对他们进行评估。

**创建知识社区**：创建知识社区是基于员工的兴趣，并不是组织的命令，人们通常也愿意与拥有共同兴趣的人分享知识。从这点来说，以兴趣为核心建立团队成为激励知识分享的最好方式，在这些团队中的知识分享都是在不自觉的状态下发生的。

**发展知识管理领导**：公司内部一小群知识管理的热爱者能成为促进知识分享的

催化剂。第一资本（Capital One）金融公司的普通员工 Ann Noles 与该公司的四个员工非常着迷于知识管理，公司允许他们参加各种会议，编制知识管理案例，最后 Ann Noles 被授予"知识管理先锋"称号，他全力投入并通过会议、备忘录等形式鼓励其他员工分享知识。

知识管理专家玛汉·坦姆仆经过大量的研究发现，激励知识型员工的四个因素分别是：个体成长（约占 34%）、工作自主（约占 31%）、业务成就（约占 28%）和金钱财富（约占 7%）。因此组织员工参与知识管理需要建立良好的激励制度。奖励那些愿意学习并分享知识的人，这样才能更好地推动组织的知识管理。

## 案例6.8  施乐公司的知识管理激励

### 案例背景

施乐公司在认识到知识不连续对企业造成的不良影响后，便投入大量的资金去寻求让员工分享知识的方法，开发了知识管理系统，为员工创建了在线服务，方便员工之间的交流与沟通。

施乐政策主管 Dan Holtshouse 说，他经常会碰到许多在培训教材、文档中没有提到的问题，甚至在供应商更新后都没有考虑到的问题。但是公司的员工非常具有创造性，他们成功地解决了这些问题，出色地完成了任务。在没有我们的知识管理系统之前，即使员工情愿把自己解决问题的思路告诉大家，也只能是告诉他们办公室的少数几个人，公司的其他员工在碰到同样的问题时，还需要自己再次耗费大量时间、精力去解决。

Eureka 是施乐公司使用的知识管理系统。通过对普通员工一个工作日的深入调查研究，施乐公司研制开发出了 Eureka，这是一个使用 Oracle 数据库的基于 Web 页面的文档分享工具。登录 Eureka，员工们就可以很轻松地在自己的电脑上分享到其他员工发现的"新思路"。

不过，虽然员工有可以轻松存贮新知识的工具，但这并不意味着所有员工都能很好地利用这个工具。员工不愿使用这个知识管理系统的原因是进行系统参与会增加工作负担，他们只想在休息期间来分享他们的经验。施乐公司尝试了大量的方法来提高员工分享知识的积极性，最后得出"专家信誉"是解决这一问题的关键。经过对应用程序的修改，Eureka 给员工们提供了一个"创作"他们经验的机会。通过 Eureka 分享的经验会与分享者的名字联系起来，员工在搜索到相关经验的时候系统会显示分享者的名字，分享者因此而感到骄傲。

据统计通过使用 Eureka 施乐公司在法国的总花费降低了 10%，于是施乐公司在加拿大、欧洲和南美洲迅速推广 Eureka。截至今天，Eureka 在全世界已经有了 6 种语言的版本。

通过使用 Eureka，每个员工都可以在线查找工作中遇到的问题，这就避免了员工遇到曾经在公司出现过的问题后再花费精力去研究。施乐公司估计，Eureka 至少避免了 30 万次的冗余重复性工作。例如，有一次巴西的员工碰到了一个问题，尽管查阅了工作手册、使用了 Eureka 以及尝试了其他常用的解决方法，问题仍未得到解决。看样子只有把这个价值 4 万美元的设备退还给厂家了，在提交退货单之前仍不死心的员工尝试着再努力一下，又去使用 Eureka 查找。正好在几个小时之前，加拿大的一所大学的员工刚好解决了类似的问题，并把他们的解决方案放到了 Eureka 上。

在经济下滑期间，施乐公司并没有放弃使用知识管理系统。Dan Holtshouse 说，无论在什么经济环境下，这种管理方法都不过时。

**案例分析**

施乐公司运用"专家信誉"这一个手段来解决员工分享知识的积极性问题，员工通常都会因为自己的专家经验被别人认可或赞扬而感到骄傲。施乐公司充分利用这一点来激励员工，使他们愿意分享并从相互学习中提高工作效率。

### 6.3.4 如何进行组织学习

从企业管理来看，管理者必须引领组织学习，使企业的竞争力在市场中提升。为确保企业变革后的基业长青，唯有靠知识管理不断地改造、创新与学习，朝着精简、弹性与网络化的方向发展，才能应对市场不确定性的挑战。哈佛大学的大卫·加尔文（David Calvin）教授认为，学习型组织是一种擅于创造、获取和传播知识，并根据新知识和洞察力来修正行为的组织。组织学习活动包括以下五项内容。

**系统地解决问题**：解决问题的过程本身就是一种学习活动。通过发现问题，对问题进行分析，最后把问题圆满解决，员工不仅可以在这个过程中学习到新的知识、方法和技能，而且还可以提高个人处理问题的能力。因此，通过发现问题、分析问题、解决问题来学习不仅是一种行之有效的学习方法，也是一项重要的学习活动。施乐很好地掌握了系统地解决问题这个方法。自1983年施乐公司开始因实施质量领先战略而在全公司推广系统地解决问题的工作方法以来，这个方法就成功地被全体员工所接受，并被广泛地运用到各种决策中。

**开展试验**：试验与解决问题是两种互为补充的学习方式。如果说解决问题主要是为了应付当前困难的话，那么试验主要是面向未来，是为了把握机会、拓展空间而展开的创造和检验新知识的活动。试验可分为两种类型，即持续性试验和示范性试验。持续性试验由一系列持续的小试验所组成，逐渐积累企业所需的知识。此类试验的意义集中体现在"持续"这两个字上，必须使一系列试验有一个清晰的战略指导，才能满足企业发展的需要。示范性试验一般是在某个单位进行比较重大的、系统的变革，其目的通常是为日后即将大规模推行的重大变革而做的准备。因此，示范性试验不仅比持续性试验规模更大、更为复杂，而且对于组织的影响也更为深远和广泛。

**从过去的经验中学习**："温故而知新"，从自己过去的经验中学习是一种最经济有效的学习方式。重新审视公司过去的成败得失，系统、客观地对其做出评价，并将评价结论向全体员工公开，使他们铭记教训，这是组织学习的一项重要内容。从过去的经验中学习的精髓在于，使公司养成认清"有价值的失败"与"无意义的成功"的思想方式。"有价值的失败"指的是能使人产生顿悟，澄清人们的认识、增强组织智慧的经历。而"无意义的成功"指的是虽然事情做成功了，但是不知道是怎样做成功的，搞不清楚决定成功的关键因素与原理，这种成功是无法复制和持续的，因此是没有意义的。从某种意义上说，失败比成功具有更大的学习价值。

**向他人学习**：组织不能只从其内部自身学习，组织外部存在更多、更丰富的知识。聪明的管理者应知道，虚心向他人学习可以使自己获益匪浅，即使是毫不相关的领域都有可能激发创新的灵感。向他人学习包括很多形式，其中向同行企业学习与向顾客学习是两种主要的形式。向同行学习包括参观企业、参加经验介绍会或研讨会、进行人员交流等形式，更为全面、系统的形式是现在风行一时的"标杆学习"。向顾客学习也可以为企业提供大量丰富的信息，因为顾客是使用产品的"专家"。顾客可以提供最新的产品信息、产品的使用情况、对产品使用情况的反馈和提出改进意见等，这些信息可以激发产品的改进与创新，是企业领导者判断竞争形势的重要依据。

**在组织内传递知识**：组织学习不是某一个人或某一个部门的事，它要求所有部门、全体成员都积极行动起来，促进知识在组织内部快速流畅地传播。因为知识只有被更多的人所掌握，才能发挥更大的效果。把知识封锁在一个人或一个部门的手中，只会限制组织的成长，是建立学习型组织的大忌。学习型组织文化氛围的基本特征就是开放、自由。

企业掌握"组织学习能力"是提高效率的战略之一。在变化的环境之下，今天成功的方法很难确保明天也能成功，企业组织要经常学习才能不断进步。

## 案例 6.9　腾讯打造数字校园全场景服务

### 案例背景

2018 年，腾讯推出"腾讯微校"系列数字校园产品，统一连接校园的"人""设备"和"服务"。"腾讯微校"借助微信平台打通了校园公众号及小程序，帮助学校内部实现多平台融合。"微信校园卡"在"腾讯微校"内搭建起高校信息化矩阵，在"校园一卡通"的功能基础上，实现线下场景线上处理。同时，"微信校园卡"连接了线上校园场景，如实名社区、课堂互动、教务查询等，面向不同组织架构精准推送消息。

截至 2018 年 4 月，"腾讯微校"已覆盖 2800 所高校，"微信校园卡"已经进入

50 多所大学，并接到超过 200 多所大学的线上申请。

北京大学软件与微电子学院启用"微信校园卡"，将科研、管理与校园资源和应用系统有效整合。互动课堂应用方面，学生上课前摇一摇手机即可完成签到，学生可针对老师的提问将答案以弹幕方式发布在大屏幕上。天津大学利用"腾讯微校"构建图书馆"选、进、查、借、还"全流程闭环式服务体系，使用"微信校园卡"学生可以提前在图书馆选座。华北电力大学使用"微信校园卡"可以实时查询澡堂内洗澡的人数，免去学生排队洗澡的尴尬。濮阳医学高等专科学校的"微信校园卡"代扣变成了学生食堂的"黑科技"，如图 6-3 所示。

图 6-3 "微信校园卡"代扣饭费

### 案例分析

前面我们说过，学习型组织文化氛围的基本特征就是开放、自由，而腾讯与高校的合作，打造数字校园，无疑可以让高校实现数据共享、变得更加开放、自由。腾讯打造的数字校园全场景服务将教育与信息技术相结合，促使高校不断升级为"智慧校园"。

## 6.4 组织知识管理技术平台构建

### 6.4.1 组织知识库管理

知识在创造或取得之后，要有存储的位置，存储知识的目的一方面是使宝贵的知识保留下来，另一方面使大家有分享知识的渠道，这同时也是知识库的构建目的。知识库的建立要注意以下五个方面。

**专门的组织导入**：为了获得完整的知识，在创建知识库时组建专门的项目小组是十分必要的。专门的项目小组通过对知识的鉴定、编选和组合，提升知识的价值，并使知识变得容易获得和使用。

**强大的技术支持**：知识库的建立不仅需要大量的人力、财力，还需要很多的信息技术支持。知识库一般建立在企业的内部网络上，由安装在服务器上的一组软件构成。员工可以在知识库中查询自己所需要的资源。

**内容翔实丰富**：知识管理是要把各种各样的知识囊括进来，包括从各种数据库、员工以及合作伙伴那里获得的知识，还要进一步对它们加以挖掘和提炼，通过与公司中其他信息的关系赋予它们更多的意义。

**持续更新及维护**：建立一个知识库还是建立一个垃圾库往往只有一步之差，我们正处于瞬息万变的信息社会，如果没有不断创新、不断回顾、不断更新，曾经的知识很快就会变成无用的垃圾，接踵而来的必然是整个系统的有用值降到最低，最终导致知识管理的失败。知识库应提供较好的管理、维护功能，允许不同的用户建立新知识，及时将新的问题和方案放入知识库中。作为知识库的使用者，他们的想法和建议对于知识库的持续改进是非常重要的。

**使用简单易行**：如果想让知识库成为学习的工具，那么它应该是容易被访问和查询的。同时，知识库应该面向不同的用户和提供多种不同的搜索方法，这样才能使用户更加方便地使用。

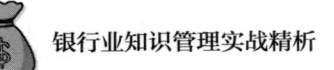

建立一流的知识库不是一蹴而就的事情，我们需要长期的努力才能成功。美国"注意力经济"提出者达文波特教授曾提出"知识管理两阶段论"：第一个阶段，企业像管理其有形资产一样来对其知识资产进行管理，获取资产并将其"存放"在能够很容易被获取的地方。对有形资产而言存放地点是"仓库"，相应地存放知识资产需要"知识库"。第二个阶段，当企业意识到自己"知识库"里的知识资产太"拥挤"时，必须考虑知识工作业务本身的改进与提高。

我们在第 2 章知识管理体系中提到过，知识管理的四个方面，即产生、存储、传播和应用，这四个方面也可以称为四步检测法，它们可以用来指导知识库的管理和持续改进。

四步检测法是从日本野中郁次郎的"知识螺旋"理论总结出来的知识库管理的四个重点。四个环节缺一不可，如果某一个环节出现了断层，那么知识库管理就会失败。比如下面谈到的知识社区，就可以作为知识库传播的一种非常有效的方式，将知识库里面的知识以更加鲜活的形式展现出来，增加员工对知识的认知和理解。

## 案例 6.10　中国内地的第一张信用卡背后的知识库管理

### 案例背景

80 年代初我国实行改革开放政策，不仅国外客商、游客可以来我国，同时国人也开始走出国门，而靠近港澳的广东地区就成了信用卡发行最前沿的阵地。中国银行珠海分行的一位员工周炳志在赴香港探亲时，对香港使用信用卡支付结算方式进行了考察。尽管他在银行工作，通过代理也了解一点信用卡，但是亲身接触信用卡在消费支付、ATM 机上的使用后，这种支付方式还是给他留下了深刻的印象，于是他决定把相关资料带回珠海进行研究。

正是基于对信用卡业务的前瞻性判断，中国银行珠海分行开始对信用卡业务进行深入的研究，并向总行递交了开办信用卡业务的可行性报告。最终，中国银行总行决定：由中国银行珠海分行发行信用卡。

1985年，为了发行第一张信用卡，中国银行珠海分行成立了"珠海市信用卡公司"，独立核算、自负盈亏。在第一张信用卡还未诞生之时，却先出现了独立运作的信用卡公司，这也是我国引入信用卡业务后的一次创举。

中国银行珠海分行筹备发行信用卡，不仅面临着开发特约商户、为商户提供业务培训等问题，还要为商户提供刷卡设备，包括今天我们已经很陌生了的压卡机、签购单等。中国银行珠海分行从日本、中国香港等地进口了打卡机、计算机等硬件设备并带有相应设备的使用资料，为信用卡的发行做好了充分的准备。

1985年6月，中国银行珠海分行正式发行了中国内地的第一张信用卡——中银卡（见图6-4）。该卡分为金卡和普卡两种，由于受到诸多条件的限制，仅限于珠海地区发行使用，而且无法联网交易，只能在银行柜台和特约商户使用压卡方式进行存取款和消费。该卡发卡对象除本行员工外，也向社会企业、个体经营户开放，但是需要由当地符合要求的公民进行担保。中银卡允许存款后适度透支，与国外标准的信用卡不同，被银行业称为"准贷记卡"。

图6-4 中国内地的第一张信用卡：中银卡

中银卡的发行，在银行业产生了很大的影响，随后其他银行也开始发行自主品牌的信用卡：1987年，中国工商银行广州分行发行红棉卡；1990年中国建设银行广州分行发行万事达信用卡；1992年，中国农业银行发行金穗卡；1993年，交通银行发行太平洋卡。自此，中国内地开始进入了"信用卡时代"。

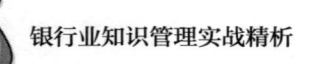

> **案例分析**
>
> 由上面的案例可以看出,知识库管理在中国内地的第一张信用卡的产生和发展过程中起到了很大的作用。知识库的建立需要五个要素:专门的组织导入、强大的技术支持、内容翔实丰富、持续更新及维护和使用简单易行,而中国银行珠海分行中银卡的成功发行也正是由于这些方面举措的组合,主要体现在以下四个方面。
>
> 一、为了更好地发行第一张信用卡,中国银行珠海分行成立了专门的筹备组,将香港信用卡的相关资料带回珠海的周炳志正是该筹备组成员之一。
>
> 二、中国银行珠海分行从日本、中国香港等地进口了打卡机、计算机等硬件设备并带有相应设备的使用资料,为信用卡的发行做好了充分的技术支持。
>
> 三、周炳志从香港探亲带回来的信用卡相关资料、从日本和中国香港进口的打卡机与计算机等硬件设备的使用资料以及为特约商户提供培训的业务资料,这些都提供了翔实丰富的知识资料。
>
> 四、信用卡相关知识库的资料在中国银行系统内不断进行更新维护,并在行业内分享,这才有了后面各大银行相继发行的信用卡,为中国内地进入"信用卡时代"打下了基础。

## 6.4.2 组织知识社区管理

单纯建立知识库来分享知识,其效果往往并不理想。通过网络收集员工的知识及设立网络社区,对知识的创建和传播作用更大。借助信息技术建立虚拟知识社区,可以从更广范围实现从隐性知识到显性知识的转化。

只有全体员工积极参与并管理知识社区,组织的知识管理系统才会真正启动,知识分享的文化才能实现。在通常情况下,创建知识社区需要掌握以下六个技巧。

**足够的知识资源**:建立知识社区必须有足够有用的知识资源积累,这是知识社区存在的基础。没有足够的知识资源积累,知识社区的效果会大大降低,就不会对知识需求者产生吸引力。当然，这并不一定要求企业有庞大而广博的知识库，但要求其中的知识资源对特定群体一定要"有用"，这需要社区的管理者付出大量辛勤的劳动，除了要积累一个专业而且内容足够充实的知识库，还需要对大量外来的资源进行分类、加工和提炼。

**有效分类**：知识社区需要有效的分类，比如按照一定的主题分类。如果社区成员收到太多无关的信息，那么他们是不会花时间去学习的。另外，具有相同知识背景的社区成员相互沟通会容易得多，可以省却更多沟通和磨合的时间。

**建立知识交换（交易）机制**：知识社区可以建立有用的知识交换（交易）机制，其基本原理与其他类型的网络社区相似，需要注重知识交换（交易）机制（包括监督、奖惩机制）的可操作性。随着良好的知识交换（交易）机制的建立，也有可能出现为知识流通服务的货币，其可以是虚拟货币，也可以是真实货币。

**鼓励所有员工参与**：在一个知识社区里，通常只要有一小部分人的知识分享便可以支撑知识社区的运营。但是，只有鼓励所有员工都积极参与，才能显示出知识分享的重要性，同时才能在团队或系统层面上转化为其他形式的知识分享。

**有效的管理和监控**：知识社区需要良好的管理和监控才能正常地运行。首先，要确保有价值的问题能被回复，如果没有人回复管理人员可以将问题发送给能提供线索的专家。其次，要对问题进行整理和归档，将讨论过的问题和答案放在方便检索的位置。最后，还要对知识社区进行监控，包括技术监控和主题监控，以维持系统的正常运行和保证知识社区的专业性。

**重视面对面沟通形式**：知识社区的运营者和管理者不能只提供BBS、论坛、即时通讯等基于网络的工具，更重要的是通过对共同关心的内容进行引导和组织活动，营造一个平等沟通的氛围，很多时候要与面对面地沟通形式（比如学术沙龙、专题讲座、俱乐部等）相结合。

知识社区使人们获得了一个不受空间和时间限制，并且可以随时随地学习、交流、积累知识的平台，进而能大大地释放自身的知识能量。

## 案例 6.11　巴克曼实验室知识社区管理

### 案例背景

巴克曼实验室成立于 1945 年，是特殊化工业的市场领导者，它在 80 多个国家展开业务，拥有 1200 多名员工。在 Bob Buckman 担任 CEO 后，巴克曼实验室也越来越认识到知识管理对于企业的重要性。他们决心利用信息网络，将遍布全球各地的员工连接起来，并通过传递知识和经验来增强企业的竞争力。

巴克曼实验室开始推行以客户为中心的经营战略，他们希望员工能够随时利用企业的集体智慧做出正确的决定，并通过为客户解决问题来获得收益。所以这个知识传递体系，最初是聚焦于提高客户亲密度。

巴克曼实验室第一次系统地捕获和分享知识，是从 1988 年创建案例库开始的。他们搜集和整理了大量已存在的客户案例，并不断加以更新。后来这个最佳案例库包含了 2500 个客户案例。通过对这些知识的有效利用，他们为客户解决问题的效率大大提高了。

为了进一步优化知识管理体系，巴克曼实验室创立了知识传递部（Knowledge Transfer Department，KTD）。KTD 由信息系统部和通信部合并组成，它的主要使命是组织和管理企业的信息技术架构，整合多种资源推动知识管理。KTD 主要有以下三个任务。

- 加速知识的聚焦和分发。
- 简单和快速地存取知识。
- 在整个组织内分享最佳实践案例。

如果说 KTD 是巴克曼实验室的"神经中枢"，那么巴克曼知识网络（Buckman Knowledge Network）就是将灵敏感知迅速传遍全身的"加速器"。

巴克曼实验室利用 CompuServe 系统创建了巴克曼知识网络，通过这个网络员工可以随时随地处理电子文档、查收电子邮件、参与远程会议、追踪项目进度。这里也有最佳案例库、论坛和培训教程。通过知识分享和人员交流消除了与客户的隔阔、加速了新产品的开发，使整个企业的绩效得到了巨大的提升。

构建巴克曼知识网络是基于这样的理念展开的——只要可以购买，就不要开发。巴克曼实验室采购了 Lotus 的 Learning Space 模块，利用内部互联网来进行远程培训。

巴克曼实验室利用 CompuServe 搭建了很多不同主题的论坛，员工可以在论坛里提出问题或解答问题，通过广泛而直接的交流分享知识。

每个论坛都有一个版主，他们都是自己所在领域的专家，并且对各个地区的运作情况也很了解。他们观察讨论进展，确保所有问题都能得到及时回复。如果有必要，他们甚至会直接联系相关专家以获得答案。他们也扮演啦啦队长的角色，对积极参与者表示赞赏，并鼓励其踊跃发言。当某个话题结束时，版主会评估信息的价值并对其进行分类整理，最后归入知识库，方便日后的查询和更新。

论坛不但加强了员工之间的联系，而且对于客户请求也可以迅速做出回应。身在南非的客户在下班时间发出求助，没过多久就收到了来自加拿大、瑞典和美国的回应，而且这些答案来自不同的阶层、不同的部门，参与回应的有总经理、业务经理和工程师。因此，巴克曼实验室有能力调集全球资源为客户提供服务，用最快的速度提供最专业的解决方案。

巴克曼实验室将其收入的 3.75%用于知识管理，平均每个员工大约可花费 7500 美元，这其中包括通信、硬件和软件费用。

巴克曼知识网络并非是一个应用软件，而是一个整合多种应用的系统，它链接了很多不同的程序，并使它们协调工作。巴克曼知识网络主要由以下五个模块构成。

- BL 系统包括企业运行方面的应用，比如财务和订单管理等。
- 巴克曼文件夹包含大量帮助客户解决问题的技术知识。其下根据主题分为多个论坛：技术论坛（TechForum）、化学论坛（ChemForum）、欧洲论坛（EuroForum）、AAA 论坛（Asia, Australia and Africa）、福洛汀（ForoLatino）和营销信息数据分析系统（Marketing Information Data Analysis System，MIDAS），这些论坛用于促进全球范围内的知识分享。员工可以在线交流，或者通过留言和回复异步沟通。

- 客户论坛（Customer Forums）允许客户与客户之间以及客户与巴克曼实验室之间进行交流。
- 客户信息中心（Customer Information Center，CIC）囊括了大量关于客户的电子文档。
- 学习中心（Learning Center）是全球员工参与远程教育和培训的应用。

在创建巴克曼知识网络的过程中，巴克曼实验室得出了以下六条经验。

- 尽量减少知识流转环节。提问者最好经过一次查询或者一次对话就能得到答案，这样不但能保证快速的回应，而且也减少了沟通过程中的信息损失和过滤。
- 鼓励所有人贡献知识。所有分公司、部门和个人都可以提交自己的知识，并不需要一个刻板的条例来限制。在不违反法律和道德的前提下，应尽可能多分享知识，并保持大家参与的热情。
- 保证所有人受益。每个子公司都可以访问总部的知识，也可以访问其他子公司的知识。通过跨组织的知识交流，保证所有人都能受益。
- 保证稳定的可访问性。突破时间和空间的限制，使员工能够在任何时间、任何地点访问公司的知识。
- 提供易于使用的系统。员工需要计算机系统帮助他们工作，而不是为他们增添烦恼。我们不能也不应该期望所有人都成为计算机专家，所以应该提供每个人都能使用也乐意使用的简单系统。
- 使用本地语言。虽然大部分员工都可以使用多种语言，但是人们还是对自己的母语有特别的亲近感。尽量提供本地语言的操作界面和多语言版本的文档，这样也可以加快员工吸收知识的速度。

在巴克曼实验室的知识管理体系中，技术只占 5%的比重，而更重要的是占比重 95%的企业文化。很幸运，在知识管理还未成为企业的正式策略之前，他们就已经有了鼓励分享知识的企业文化。这从他们的行为准则上就能一览无余，具体准则如下所述。

- 企业是由具有不同能力的独立个体组成的，他们是取得成功的最重要资本。
- 所有个体都必须受到充分的尊重，并进行持续的沟通。
- 所有的贡献和成绩，不管大小都应该受到认可和鼓励。

巴克曼实验室的 CEO Bob Buckman 每周都会打印出论坛参与者的名单，及时了解知识分享的现状，并奖励那些乐于分享的员工。论坛的积极参与者收到了令人惊喜的奖励——参加在亚利桑那州召开的交流会议、价值 150 美元的真皮旅行箱和一台最新型号的笔记本电脑。能受到如此礼遇，本身就是对其卓越表现和专业精神的高度认可。

巴克曼实验室的高级管理层也通过自身行动，传递出重视知识分享的坚定信息。比如每次会议后，Bob Buckman 都会将讨论的主要话题和做出的重要决定及时发布到网站的新闻里，使所有员工都了解企业的决策。可以说，分享知识已经成为巴克曼实验室"基因"里的固有特质。

### 案例分析

巴克曼实验室的知识社区策略可以概括为案例库—知识传递部—知识网络—知识社区的架构模式：2500 个案例，通过 KTD 进行传播和分享，利用巴克曼知识网络加速知识分享和人员交流，多个论坛组成的知识社区加强了员工之间的联系，能够对客户请求迅速做出回应。

### 6.4.3 知识地图管理

知识地图是用于帮助人们找到知识和具有知识的人员所在位置的知识管理工具，知识地图的作用在于帮助员工在短时间内找到所需要的知识。和企业现在面临的信息过量一样，企业将来也会同样面临知识过量的问题，即使为使用者提供高效率的搜索引擎，也不能让使用者摆脱寻找知识过程的混乱状态。因此，需要有一个指引使用者的工具。知识地图也称知识分布图，是经专家整理的一种知识

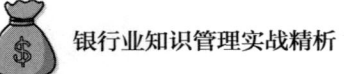

索引，它能显示组织有哪些知识资源可以利用，以便员工按图索骥，找到他们需要的知识。

要制作一份优秀的知识地图，需要注意以下五个方面的内容。

- **划分知识类型**：根据组织的具体情况，对组织所拥有的知识进行分类和整理，区分组织内的隐性知识和显性知识。或者按照其他知识分类指标体系划分，比如技能、知识的用途等。

- **建立内部知识框架**：对组织内部的知识资源进行归纳和整理，配合专家讨论的方式，确定内部知识的管理框架。内部知识是组织在日常生活、工作流程中所产生的知识。内部知识一般是动态、程序性的知识。根据迈克尔·波特教授的价值链理论，内部知识框架可以划分为直接活动和支援活动两类：前者包括存货管理、进货管理、生产排程、质量管理、配送作业、出货管理、市场规划、销售管理、售后服务等方面的内容；后者包括战略规划、采购管理、产品设计、技术开发、信息系统管理、财务管理、项目管理、人力资源管理、设备管理等方面的内容。

- **建立外部知识框架**：同样，对组织外部的知识资源进行归纳和整理，可以建立外部知识框架。外部知识为组织目前及潜在外部利益相关者的信息和情报，它是一种静态的知识，主要以信息和情报为主。外部知识框架一般可分为顾客知识、供货商知识、分销商知识、竞争情报和政策法规知识等。

- **衡量知识分布与强度**：确定了内部和外部知识框架以后，可以配合划分的知识类型进行问卷调查和专家评估，衡量组织内部、外部知识的分布与强度，协助组织进行知识的衡量，推进知识管理的实施。

- **展现知识地图**：知识地图还需要得到技术的支持，要用可视化的技术把知识地图展现出来，既可以选择传统的目录等级层次，也可以采用树形结构或者更好的网状结构。同时还要提供一个自动化制作知识地图的工具，方便知识地图的更新和维护。

知识地图能有效组织内部、外部的知识，员工在需要时可以非常方便地查找到所需要的专家并且进行直接交流，从而可以高效、优质地完成任务，如图 6-5 所示。

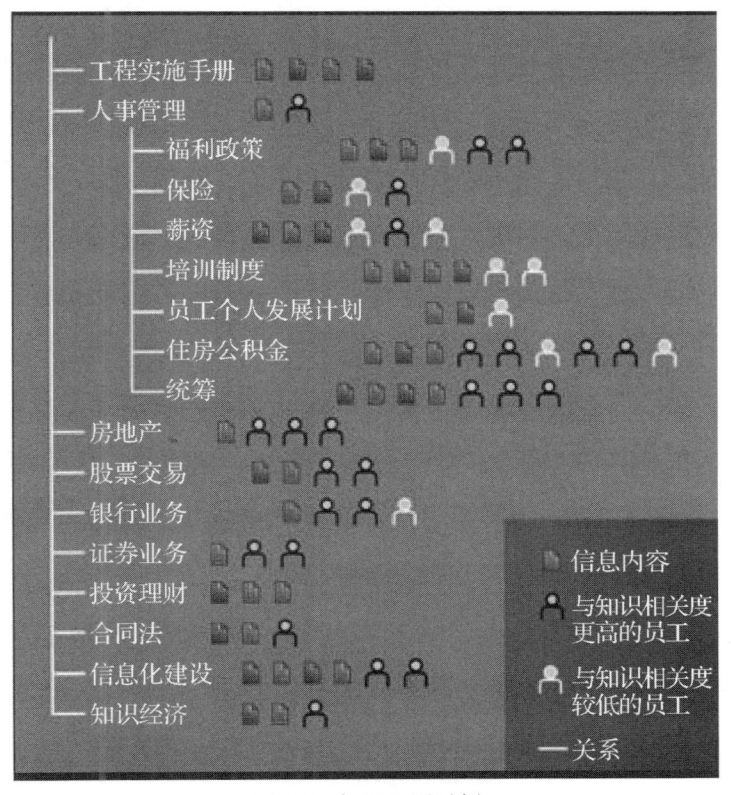

图 6-5　知识地图示例

## 案例 6.12　微软的知识地图

### 案例背景

如前所述，知识地图可以指向结构化的知识，也可以指向人，或者同时指向两者。微软公司的知识地图就是一个很好的范例，它是一个以人为导向的知识地图。

为了让微软的知识精英们能够合作无间。微软的 IT 团队耗费了相当多的时间和精力，构建了一套优秀的知识管理系统，人员知识地图可以说是这套知识管理系统中最佳的作品之一。这张知识地图是从 1995 年 10 月开始制作的，当时微软的资讯系统小组开展了一项"技能规划与开发"计划，他们把每个系统开发人员的工作能力和某特定工作所需要的知识制作成地图，以协助公司维持其在业界的领导地位，同时让员工与团队之间的配合更加默契。

微软的这一项计划主要分为以下五个阶段。

- 构造知识能力的类型与结构。
- 明确特定工作所需要的知识。
- 评估员工在特定工作中的知识能力表现。
- 在线进行知识能力的搜寻。
- 将知识模型和培训计划结合起来。

对于员工的知识能力，微软采用了基础水准能力、地区性或独特性的知识能力、全球水准能力和普遍性能力四种能力来评估。这四种能力包含显性和隐性两种形态，共有200项显性能力和137项隐性能力。每一种能力又分为基本、工作、领导和专家四个能力水准，每一个能力水准用3~4个要点加以说明，既清晰又易于衡量，可以避免工作与员工评价时混淆不清。为了达到工作与员工能力契合的目的，微软IT部门的每一项工作都要以所需能力水准来说明。

对员工的评估过程最初是由员工与其上司互动进行的，最后整个小组都参与进来，这就给上司提供了一个了解员工能力的机会，可以协助微软建立运用于全公司的"能力库存"。微软公司建立了一种可以在全公司范围内获得的知识地图，如果一个管理者正在为一个新项目组建工作小组，他无须知道所有员工中谁符合工作条件，只要向这个系统咨询就可以了，如查询"在华盛顿州、对这项工作有80%的知识能力、具有领导技巧水平的5位候选人的名单"。这一系统靠一台SQL服务器运转，将企业内部局域网与互联网相连。该系统将能力结构与教育资源相结合，不但能够推荐某项特定的课程，而且能够针对不同的知识水准，推荐课程中特定的环节。

微软相信，一旦员工明白他们需要什么样的知识，他们应该可以成为优秀的知识工作者。这个项目可能最终扩大到整个微软公司，并且延伸到产品和客户服务领域。

### 案例分析

微软的知识地图以人为导向，成功之处在于采用多级知识评估标准将员工所具备和应具备的技能标示出来，不但使知识容易被找到，而且便于找到知识源，从而促进了企业范围内知识的交流与分享，真正实现了为岗位找到合适的知识和合适的人这一目的。但其实施过程繁杂，并非是每个企业都有能力照搬和效仿的。

## 案例 6.13　雪佛龙公司的最佳实践资源引导图

### 案例背景

雪佛龙公司作为全球较大的石油与化工公司，是最早通过开发"最佳实践资源引导图"进行知识地图试验的公司之一，该地图大致遵循 Malcolm Baldridge 评估体系的分类目录设计而成，通过彩色标示代码揭示公司内部知识以及知识型团队和网络。它不仅揭示了重要的人际网络（这个网络按照诸如"领导层""战略性计划""信息与分析""人力资源开发""流程管理"和"顾客焦点与满意度"等类目进行分类组织），而且有助于使用者寻找传统形式的知识，如图书馆服务等。

雪佛龙公司不断更新该资源引导图并使之适应公司内联网的发展，与个人电子邮件建立链接以便及时进行方便的联系。由于其交互性和实时性，这种方式有力地刺激了拉动型的知识交流，能迅速而便捷地进行链接以建立广泛的联系，其效果是极其明显的。

雪佛龙公司的知识地图清楚地揭示了公司最佳实践资源的类型及分布情况，并使其中的资源保持最新，使员工可以很方便地发现并及时获取所需的实践知识，从而大大推动了知识在公司内部的分享。

> **案例分析**
>
> 微软和雪佛龙公司分别从员工技能、最佳实践的角度入手建立知识地图，并取得了成功，说明知识地图的绘制从不同的角度出发可以有多种不同的表现形式。从某一类特定的资源入手，尤其是有针对性地从企业最需要解决的问题入手，更容易迅速取得成效，最后可以扩展到整个企业范围。

### 6.4.4 专家系统管理

组织员工可能时常会面对许多专业技能或内部流程的疑问，为了能够快速解惑，最好的方法是建立组织的专家系统。专家系统能提供最短的资源路径，协助员工理清问题，并给予指引。

目前许多知识管理系统对专家系统的支持较少。建立一个专家系统需要注意以下四个方面。

**清楚使用范围**：专家系统通常处理那些超出了组织员工知识范围、非常少见的技术问题，这些知识并不能在操作手册或标准文档中找到，比如年久失修的设备问题、最新采用的工艺技术问题、特殊环境发生的问题等。这类知识是很模糊的，但专家系统能提供清晰明确的答案。在组织中技术经验是稀缺而昂贵的商品，所以专家系统逐渐成为一种便捷、可行的分享全球各地经验的方式。即便是最难解决的问题，在世界的某个地方也可能有某个人知道答案，只要这个人愿意分享，所需者就能轻而易举地获得答案。

**建立专家库**：专家库的作用是为了快速找到能够解决问题的人，这不仅仅包括组织内部人员，同时也包括外部专家，他们可能是客户、供应商、专业机构，甚至是竞争对手。专家库是获得隐性知识和显性知识的重要手段。持续丰富专家库的同时也能丰富知识库。尽管组织在工作中发展起来的许多富有创造性的见解和思想都已成文，存储在知识库中，但是更多的知识和经验是作为隐性知识存在于专家的头脑中的，没有被整理成文，更谈不上交流分享。惠普在90年代中期建立了名为Connex的专家网络，将已退休离开惠普研发部门的老专家、老工程师以网络链接起来。这样，员工就能轻易地通过Connex系统与专家沟通。

**建立专家目录**：专家目录也称专家黄页。丰富翔实的专家目录能大幅度缩短寻找公司内特定技术人员的时间，并且能有效地将专业知识自动分类，充分做到知识与内容的分类整理。专家目录提供的信息不仅仅是片段资料，而是能明确查知这位专家完整的经历、最新的知识贡献、领域专长的发展过程，甚至以这个专家为核心，建立专属的专家论坛。在IBM的专家系统中，IBM为每一位专家建立了一个简要的表格，并且对专家以前做过的某些项目或提交的一些内容予以评估，来判定专家的专业化程度。

**进一步发掘专家**：专家系统应具有评价机制，除了其他使用者给予的评分，应能统计分析使用者的行为及知识贡献度，当某个数值超过设定值之后，就能被自动推荐成为特定领域的专家。因此除人与人之间的相互推荐之外，更可以由系统辅助发掘专家。这类技术涉及知识领域、人员属性、知识属性和工作内容属性等相关性的计算，根据各企业组织的不同而属性各异，因此需要对专家系统进行不定时的调整与修正。

总之专家系统是人与人之间的直接经验交流系统，它可以为解决问题提供最佳的人选组合。建立专家系统后，能进一步以"人"为中心凝聚相关讨论、激发创意，在互动中发掘更多的灵感。

## 案例 6.14　TelTech 专家系统

### 案例背景

TelTech 公司的创始人 Joe Shuster 是一个化学工程师，他曾创建并成功地出售了一个低温工程专业公司。这一段工作经历使 Shuster 深切感受到从公司外获取专业知识的难度很大，于是 Shuster 于 1984 年创建了 TelTech 公司。

TelTech 公司提供三类服务。第一类服务由专家提供，TelTech 公司拥有数千名签约专家，他们主要包括有成就的学者、退休的资深专业人士和愿意提供咨询服务的专业人士。TelTech 公司并不试图将这些人的知识存入计算机，再以专家系统的方式提供服务，而是维护专家档案。当客户需要用服务时，TelTech 公司的知识工程师就帮助客户分析问题，并向客户推荐数位专家。第二类服务是专业文献检索，用户可以自己通过 TelTech 公司的门户网站进行检索，也可以在知识工程师的协助下进行检索。第三类服务是产品与厂商检索，这类服务也是通过其门户网站提供的。

TelTech 公司成功的关键是建立了高性能的知识结构。打电话来请求专家解答问题的客户通常不会统一使用专家们在描述工作时使用的语言，公司的网上检索查询系统"知识范围"的功能就是使客户的语言与专家的语言相对应，将客户的需要与合适的专业知识相连系。所谓的"知识范围"其实就是技术术语词库，它采用主题法，其主题词库分为不同专业，共有 3 万多个，由数位知识工程师维护，每周更新 500～1200 个词。

目前，TelTech 公司在专家网络方面的优势非常明显，其拥有超过 3000 人的专家网络，创建了超过 1600 个在线数据库，建立了有 3 万多个主题词的技术术语词库，有 100 多位有经验的知识分析员和知识工程师，在知识管理和信息服务领域具有较高的声誉。

### 案例分析

TelTech 公司成功的关键是建立了高性能的知识结构,这个知识结构由三个部分组成:一是数千名签约专家帮助客户解决问题;二是知识工程师协助的专业文献检索服务;三是产品与厂商检索服务。

这三个部分形成一个阶梯式服务,客户如果有相应的知识需求,首先是通过主题法进行产品与厂商的知识检索,其次是有知识工程师协助的专业文献检索服务,最后是专家咨询服务。

# 第 7 章 个人知识管理

**本章内容**

- 六种知识人
- 行动学习法

**本章案例**

- 案例 7.1　农商银行直销六部曲
- 案例 7.2　传统金融信贷的"农村包围城市"之路
- 案例 7.3　台湾信用卡危机
- 案例 7.4　群雄逐鹿香港虚拟银行牌照

培根曾说过:"天然的才能好像天然的植物,需要学问来修剪。"而每个人的特点是不同的,因此训练其自身才能的方式也是不同的。

## 7.1　六种知识人

在没有专业的知识经理和咨询师的情况下,我们往往只能依靠自身来有效管理我们的知识,这就是个人知识管理。谈到个人知识管理,我们可能联想到一系列工具,比如知识挖掘工具、知识搜索工具、知识导航工具、知识分析工具、知识地图等。这些工具试图将所有的人纳入到统一的模式下进行知识管理。

但是我们忽略了一个基本问题:每个人有着不同的个性,不同的个性会影响个人知识的获取方式和能力。

下面我们介绍的六种知识人就是基于这样的一种观点——每个人都是不同的。六种知识人尝试将不同的个人知识管理个性分类，并帮助其发掘自身的优势，找到他们在团队中最有价值的位置。

- **收集知识人**：爱好收集信息和知识，尤其是喜欢收集一些稀奇古怪的东西。
- **联结知识人**：收集关系，具备联结人的能力。
- **沟通知识人**：沟通知识人是天生善于讲故事的人。他们虽然不是特别精通研究，但是他们擅长将一系列信息打包并且转化成听众感兴趣的故事。
- **创造知识人**：创造知识人具有非常罕见的性格，他们是真正的知识创造者，包括创造理论、模型和系统。
- **批判知识人**：批判知识人具备很强的分析能力，他们能发现内部的缺陷，用善于观察的眼睛去发现风险和机会，并且他们会定期扫描其知识地图。
- **消费知识人**：从某种意义上来说，我们都是消费知识人，但是现在纯粹的消费知识人越来越少了。

从以上六种知识人的角度来看，个人知识管理并不是个人导向知识管理的途径，而是从另外一种角度来看待团队中的成员如何在最简单的工作层面上互相支持。所以个人知识管理并不是以单纯的工具去管理个人的知识，而是更多地去发现每个成员最接近哪种类型的知识人，从而决定哪种个人知识管理角色最适合他。

## 案例 7.1　农商银行直销六部曲

### 案例背景

近年来，中国人民银行大力推广银行Ⅱ、Ⅲ类账户，为广大的农商银行提供了新的经营思路和理念，传统的银行卡开户必须到网点柜台开户，但银行Ⅱ、Ⅲ类账户只需要在有一张借记卡的情况下即可通过手机完成开户，极大地提升了农村群众办理金融业务的便利性。而各地农商银行也以地方特色为基础，进一步打造具有特色业务的农商银行新模式。

**农业保险**。自古以来我国都是一个农耕大国，尤其是中西部地区，至今依然保持着以农业、畜牧业为主的产业结构。而近些年异常天气频发，使我国的农产品种植业雪上加霜，每年因为异常天气导致的农产品种植损失高达数十亿元，这对于原本收入低微的农民而言无疑是举步维艰，因此农业保险的需求日益扩大。

**健康险**。随着新型农村合作保险（以下简称"新农合保险"）逐渐深入农村，农村群众逐渐了解医疗健康保险的重要性，对于健康保险的认知水平每年以20%以上的速度在增长。但是新农合保险由于保险保障水平低，无法解决农村人口"小病靠熬，大病拖"的窘境，因此只能通过布局一些针对农村人口的大病健康险，为广大的农村人口提供多一层的医疗保障。

**产销结合**。目前，在国家脱贫致富的方针背景下，例如阳澄湖大闸蟹、富平柿饼等具有地方特色的农产品逐渐走上了品牌化、商业化的道路。农商银行可以深入农村合作社，撮合多方产业资源，如物流、大学农业研究学者、广告商等。以农商银行为纽带，带动农村合作社的品牌化建设之路，并辅助各类金融业务，如供应链金融、农村保险、国家农村补贴基金等，将各方资源以资本形式进行输出，加强农村高速发展的紧密度，以地方农村经济为基础并逐步向外辐射。

**商业模式推广**。结合以上农村地方经济的商业模式，形成典型案例，通过地方新闻媒体、央视财经频道等的宣传，逐步走出农村经济发展的特色模式，为后续的农商银行合作聚集更多资源提供扎实基础。

**养老基地及养老保险**。目前我国60周岁以上人口占比已经高达20%左右，我国人口进入老龄化已经是不争的事实，对于养老基地的建设和养老保险的需求与日俱增，因此未来养老经济是经济增长的新蓝海。农商银行可以在本地寻找适合建设养老基地的资源，进行储备，并与对养老基地有需求的保险公司共同开发，向发达城市销售养老信托产品，增加银行中间业务收入。

**云系统联盟**。目前农商银行系统普遍能力较弱，以农商银行为联盟，进行统一的系统建设是目前的发展趋势。例如，山东城商联盟就走出一条产品化道路，并且反哺各个小型农商银行，通过云系统实现数据共享、资源互补、形成强强联合，降低系统重复建设与投入，提高地方金融服务的竞争力。

> **案例分析**
>
> 正如不同的人有不同的六种知识管理个性一样,不同地区的农商银行也有不同特色的直销六部曲。其相同点在于,无论是个人还是银行机构都要以自身特色为基础,进一步打造具有特色的新模式。所以,尊重个性、遵循特色,才是个人和银行机构长远发展的基础。

## 7.2 行动学习法

### 7.2.1 什么是行动学习法

行动学习法是由英国管理学思想家雷吉·雷文斯(Reg Revans)在1940年提出的,并将其应用于英格兰和威尔士煤矿业的组织培训中。

所谓行动学习法培训就是通过行动实践学习,即在一个专门以学习为目标的背景环境中,以组织面临的重要问题做载体,学习者通过对实际工作中的问题、任务、项目等进行处理,从而达到开发人力资源和发展组织的目的。

行动学习法实际是一种看似复杂实际简单的概念。它很简单,以至于其蕴藏的力量多年来一直被人们忽视。对于商业管理来说行动学习的基本概念是——经理人获得管理经验的最好方法是通过团队实践,而非通过课堂学习。行动学习法的目的不仅是为了促进某一个具体项目或个人的学习发展,更致力于推动组织变革,将组织全面转化成"一个学习系统"。

虽然雷文斯及其思想在英国本土没有受重视,但在近至比利时远至南非的其他国家备受推崇。行动学习法的拥护者中有著名的通用电气前首席执行官杰克·韦尔奇和美国西南航空公司总裁赫布·凯莱赫。通用电气推行的"成果论培训计划"实际就是一种行动学习法,而美国西南航空公司的总裁凯莱赫是在公司实践商业动作中推行行动学习理论的先驱。

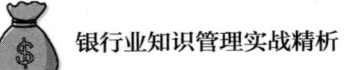

为了说明行动学习法，雷文斯使用了一个简单的公式，即：L=P+Q。行动学习法中的学习（L）是通过把掌握相关专业知识（P）与提出深刻问题能力（Q）相结合来完成的。

## 案例 7.2　传统金融信贷的"农村包围城市"之路

### 案例背景

互联网借贷是互联网金融最重要的内容之一，也是互联网金融发展过程中受益群体最广的内容之一。目前，我国互联网借贷主要分为三大类：担保机构交易合作模式、大型金融集团推出的互联网服务平台和众筹模式下的 P2P 债权合同转让模式。除此之外，以蚂蚁花呗、京东白条等为代表的消费白条服务，实际也是个人消费信贷模式的一种。这些直接和间接的信贷服务，都在影响着传统金融机构的信贷模式。尤其是县域基层金融机构，由于自身的竞争力不足，使其在互联网金融的冲击下，不得不改变传统的经营方式和信贷模式。

信贷主体由城市转向农村，挖掘互联网影响弱的区域。目前，虽然农村地区互联网也较为普及，但是由于留守村民年龄普遍较大、受教育程度低、做事较谨慎、对新鲜事物的接受能力弱，使得互联网金融在农村地区的普及率相对较低。同时，由于农村居民信用评级低于城镇居民，在信贷产品的选择上空间较小，更容易成为金融机构获利的对象。因此，金融机构更愿意向农村地区推广利率相对较高、额度较小的信贷产品，在满足农村地区信贷需求的同时，也提高自身的盈利水平。

### 案例分析

根据行动学习法的公式：L=P+Q。行动学习法中的学习（L）是通过把掌握相关专业知识（P）与提出深刻问题能力（Q）相结合来完成的。因此行动学习法的本质就是利用专业知识来解决问题。就像上面的案例所说的，传统金融机构要想在互联网金融的冲击下，获得更好的信贷模式发展，就需要找出问题，并利用自身优势有效解决，这包括以下三点。

**一是模式创新。**互联网金融最主要的特点就是方便、快捷、门槛低,针对这些优势的冲击,县域金融机构必须创新才能提高自己的盈利水平。例如,涉农金融机构推出的"富民贷",其具有"一次授信、循环使用"的特点,并以低利率吸引了辖区众多的企事业单位职工办理,在方便职工的同时,巩固了自己的市场份额。

**二是加强对小微企业的信贷支持。**目前,互联网金融对于个人的支持力度明显高于对小微企业的支持,尤其是蚂蚁花呗、京东白条等间接的消费信贷产品,更是以个人为主要支持对象。而小微企业由于在征信、财务信息等方面数据的匮乏,缺乏有效的风险评估系统,使得互联网金融对小微企业获取信贷支持成为一个短板。因此,作为贴近小微企业的县域基层金融机构,可以充分发挥自身的地理优势,加强对小微企业的支持。

**三是简化信贷手续,以方便吸引客户。**互联网金融的最大特点就是方便和快捷,客户可以足不出户享受到优质的金融服务。针对互联网金融的这些特点,传统金融机构重新梳理了自身的信贷方式,精简不必要的手续和流程,从提升服务质量入手,使客户获得更加愉悦的服务体验,从而提升自身的竞争力。

## 7.2.2 行动学习法的核心要点与本质

行动学习建立在对团队成员所积累经验的激发和重新诠释的行为上。在商业活动中,行动学习体现为经理人以团队合作的形式解决实际案例中的关键问题。这里所说的团队是由相互平等的成员组成的集体,而不是由某个主要负责人或导师带头组成的委员会。在团队工作过程中,工作的重心将放在相互支持、相互促进和广泛提出问题上而非简单地各自提出观点。

近年来,大多数经理人通过教育培训计划才开始吸收这种概念和思想。在过去,对商学院来说,只有书本的内容才是至高无上的。商学院总是认为他们的学员回到各自工作中后实践行动会自然产生。这就像过去那种往空中射箭的理论:尽力把弓

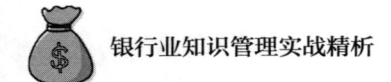

拉满把箭射出去，你就可能射中点什么。但是在今天，这套说法就不太合时宜了。企业希望经理人的学习是有的放矢，"箭"的目标就是企业的目标。

行动学习法的核心要点：行动学习法需要人们在思想上的根本改变。同时，因为身处其中的学习者可以藉此超越思想、行为、信仰的极限，把行为、信仰和价值观统一起来，从而使个人的行为更具效力。所以，行动学习法是塑造企业文化、打造学习型组织和建立知识管理系统的关键。

提出问题和倾听回答是一门日益重要的管理技巧，行动学习法两者并重。但行动学习理论也并不是立竿见影的，它需要一个过程，需要人们在思想上的根本改变。行动学习法的本质是通过努力观察人们的实际行动，找出行动的动机和其行动可能产生的结果，从而达到认识自我的目的。

## 案例 7.3　台湾信用卡危机

### 案例背景

台湾地区的信用卡跟大陆的信用卡基本相同。台湾地区除了信用卡，还有一种"现金卡"，类似于大陆循环信用的消费信贷，只不过多了一张实体卡片。台湾地区于 1988 年正式发行现代意义上的信用卡，1994 年推出信用卡预借现金业务。台湾地区的"现金卡"是从日本传入的，于 1999 年由万泰银行首次发行。

台湾信用卡危机的出现是银行过度竞争的结果。台湾地区信用卡繁荣于金融危机之后，而危机爆发于 2005 年年末。这一年的信用卡流通卡量是一个很明显的阶段性高点，而后大约于 2005 年年末开始崩塌，并于 2006 年达到逾期率的顶峰。而这一轮信用卡危机的繁荣起点大概在 1999 年前后，即亚洲金融危机之后。

### 案例分析

前面我们提过，行动学习法的本质是通过努力观察人们的实际行动，找出行动的动机和其行动可能产生的结果，从而达到认识自我的目的。简而言之，就是要找到问题背后的原因，才能更好地解决问题。

为什么台湾地区信用卡危机的繁荣起点会在 1999 年亚洲金融危机之后呢？究其原因在于两点：一是从需求来看，1999 年之前台湾地区已经经历过较长时间的信用卡消费观念的培养。1991 年开始台湾地区允许设立民营银行，新设立的民营银行为了与现有大型银行进行差异化竞争，将面向个人消费的信用卡业务作为主营业务。激烈的竞争导致各大银行开始加大营销力度，这对于改变大众的消费观功不可没。二是从供给来看，亚洲金融危机后银行从事信用卡业务的意愿变强，同时银行业的资金从 1999 年开始变得充裕。

台湾信用卡危机的根本原因是什么呢？竞争加剧后，银行风险开始积聚，而风险产生的原因同样也在于两点：一是银行通过降低利率吸引客户，导致收益无法覆盖风险；二是过度降低风险标准，导致风险大到高收益也无法覆盖。这两点在台湾地区信用卡业务发展后期表现得淋漓尽致。2004 年当时的台湾安泰银行推出了一款产品，前期给客户一个特别低的贷款利率，但后续利率会逐渐变高，这跟美国次贷危机之前推出的可调利率按揭产品十分类似，都是在客户现金流已经不够偿还贷款的情况下，想方设法通过金融创新满足其贷款需求。

这些问题的原因无疑能给大陆信用卡的发展带来很好的启示，而这恰恰就是行动学习法以团队合作的形式解决实际案例中关键问题的魅力。

## 7.2.3 行动学习法的一般步骤

行动学习法的一般步骤有以下十个。

- **开宗明义**：向全体小组成员说明小组所面临的困难及所要执行的任务。一个专门小组通常能够处理一项或多项任务。
- **成立小组**：学习小组成员包括志愿者或指派人员，他们既可以致力于同一个组织问题，也可以协同解决各自部门所独有的问题。应招人员要有互补的专业技能和经验知识。学习小组可以组织一次或多次聚会，这取决于问题的难易程度以及时间限度。
- **分析问题**：学习小组成员分析小组所面临的各项问题，商讨解决问题的方案。

- **说明问题**：问题提供者向小组成员叙述他的问题。问题提供者可以作为小组新成员留在组内工作，也可以退出或者等待小组给出具体建议。
- **问题重组**：在对各项问题条分缕析之后，并经行动学习法督导员的指导，学习小组成员就亟待解决的核心问题达成共识。学习小组还要找出问题的症结所在，这很有可能不同于起初的判断和认定。
- **确立目标**：关键问题被找到之后，学习小组要确立目标，成员之间就此达成共识。这个目标是要立足长远，从个人、团队及组织三方立场出发，积极稳妥地解决由学习小组重新认定的问题。
- **战略制定**：学习小组大部分的时间和精力都要用在问题辨析、方案测试上。同样，行动战略的制定也要通过小组成员的相互交流。
- **采取行动**：在学习小组聚会前后，小组成员之间进行合作或者独立工作，收集相关信息，搜寻支持要素，执行由学习小组议定的行动战略。
- **工作循环**：学习小组成员反复聚会、研讨、学习、行动，直到认定的问题被解决，或者又有新的指导方案被提出为止。
- **见缝插针**：在学习小组举行研讨会期间，行动学习法督导员被允许在任何情况下打断小组会议，向小组成员提出问题，以此帮助他们澄清问题，寻找更佳的途径，使得团队的行动表现得更好。学习小组成员应思考是否能够将个人的学习收获应用到个人成长、团队和组织的发展中。

每隔一段时间，学习小组要重新召集会议，讨论进展情况、吸取经验教训、审议下一步工作计划。每次会议小组成员都要做好会议记录，以供将来查询参考，要重点记录每一个学习阶段所汲取的经验教训。

## 案例 7.4　群雄逐鹿香港虚拟银行牌照

### 案例背景

2018 年 5 月，香港金融管理局发布了《虚拟银行的认可》指引修订版，在《虚拟银行的认可》指引修订版中，虚拟银行被定义为主要通过互联网或其他形式的电子管道而非实体分行提供零售银行服务的银行。而虚拟银行通常服务于包括中小企业在内的零售客户群体，因此有助于香港地区推进普惠金融发展。香港金融管理局对虚拟银行牌照申请开闸后，银行、互联网金融、移动支付等70多家机构纷纷递交了申请。哪些机构递交了申请？渣打银行、腾讯、蚂蚁金服、京东金融、众安保险、小米、中国平安、时富金融、澳洲跨境支付公司空中云汇等70多家机构都宣布申请了相关牌照。

### 案例分析

为什么有那么多家机构都想申请香港虚拟银行的牌照呢？企业持有香港地区的虚拟银行牌照后，能获得国际资本市场和吸引海外资金。同时，在产品和服务方面，除了自营资金方面，金融科技公司也会与其他金融机构进行合作，扩大产品范围，为客户提供更多的创新金融服务；在技术方面，进入虚拟银行业务能拓宽平台金融科技的应用边界，充分发挥大数据、数据分析、人工智能、机器学习等基础技术的应用，从而提升金融科技能力。

所以，问题背后的原因很重要，就像行动学习法中的分析问题环节，学习小组成员分析小组所面临的各项问题，然后商讨解决问题的方案。这一步至关重要，因为唯有原因明确后才能确立目标，并采取有效的行动。

# 第 8 章
# 个人智慧提升

## 本章内容

- 个人智慧发展框架
- 个人智慧提升路线
- 个人资本提升

## 本章案例

- 案例 8.1　交通银行的国内首单区块链 RMBS
- 案例 8.2　从萨摩耶金服"省呗"看"信用卡代还"业务
- 案例 8.3　洗钱内幕八模式
- 案例 8.4　港珠澳大桥背后的"高大上"
- 案例 8.5　这里的黎明静悄悄——银行转型进行时
- 案例 8.6　五国农村合作金融模式的借鉴
- 案例 8.7　支付牌照哪个最值钱
- 案例 8.8　人工智能（AI）反欺诈

《易经》中说："天行健，君子以自强不息；地势坤，君子以厚德载物。"个人智慧提升需要知识资本、结构资本和关系资本的循环积累。

## 8.1 个人智慧发展框架

在当今的知识经济社会中,知识工作者要想高效工作,需要具备三种知识和两种类型的技能(见图 8-1)。其中三种知识如下。

- 本身的隐性知识。
- 外界的显性知识。
- 在与他人谈话中或社区中交互的知识。

两种类型的技能如下。

- 信息处理能力。
- 社交能力。

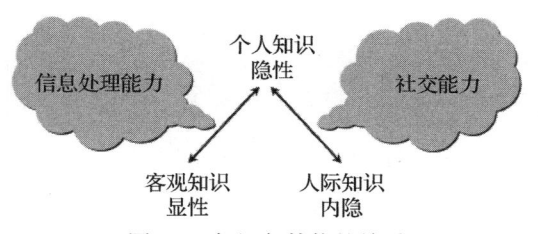

图 8-1 知识与技能的关系

在以前等级森严的组织中,很少鼓励员工之间进行互动与交流。而在现在的组织中,授权决策、网络型沟通、专业任务小组已经成了主要的组织特征。社交能力和情感能力就变得越来越重要,因为这些因素对于员工之间的交流起着非常大的作用。

社会网络分析学认为动态的、非正式的网络在现代知识社会中会产生巨大的效益。相较于传统的组织构架,个人社会网络正日益成为社会和组织中交流的替代形式。因此,目前的许多企业开始重视员工的情感智商(简称"情商")而非智商,因为经过专家的大量研究发现,情商高的员工创造的价值往往是情商低的员工的数倍。

知识管理学界提出的个人智慧发展框架综合了五项修炼、七个习惯和情商,针对员工的软技能的理念,全面提高个人信息处理能力和社交能力两大方面的技能,如表 8-1 所示。

表 8-1　个人智慧发展框架

| | 彼得·圣吉 | 斯蒂芬·科维 | 丹尼尔·戈尔曼 |
|---|---|---|---|
| | 五项修炼 | 七个习惯 | 情商 |
| 自主性 | 自我超越<br>心智模式 | 积极主动<br>以终为始<br>要事第一 | 认识自己的情绪<br>妥善管理情绪<br>自我激励 |
| 依赖性 | 共同愿景<br>团队学习 | 双赢思维<br>知彼知己<br>统合综效 | 理解他人情绪<br>人际关系管理 |
| | 系统思考 | 不断更新 | |

## 案例 8.1　交通银行的国内首单区块链 RMBS

### 案例背景

2018 年 6 月，交通银行上线业内首个投行全流程区块链资产证券化平台"聚财链"。"聚财链"为交通银行、交银国信等集团内部机构，以及普华永道、中伦、中债资信、中诚信等中介机构共同部署的区块链节点，实现了资产证券化项目信息与资产信息的双上链，同步实现基于智能合约的跨机构尽职调查的流程化，重塑投行资产证券化业务操作流程。

2018 年 7 月，交通银行第一期个人住房抵押贷款资产支持证券（RMBS）的基础资产信息由交通银行完成上链。8 月，中介机构通过区块链流程开展 RMBS 尽职调查工作。各参与方在链上实时查看与获取相关信息，最大限度地保证了基础资产的真实性与披露的有效性。

在"聚财链"这一个区块链平台的加持下，资产证券化产品运营的透明化、规范化和标准化程度大幅提高，同时还能有效降低产品融资成本，提升项目运行效率，强化全周期风险管理等。交通银行表示，"聚财链"的目标不仅是综合化投行业务平台，更是借金融科技融合推动投行的转型春风，以平台连接 ABS 业务中的各投行参与方，实现业务流程和数据的高效对接，构建一个开放、共享、可信的联盟投行生态圈。

第 8 章 个人智慧提升

> **案例分析**
>
> 前面我们提到，智慧提升涉及三个方面：隐性知识、显性知识和交互知识。在交通银行 RMBS 项目中，资产证券化项目信息与资产信息是隐性知识，这些隐性知识通过跨机构尽职调查显性化，同时最终形成知识产品来实现交互化。
>
> 因此，基于隐性化、外显化和交互化的三个知识层次，"聚财链"贯穿了资产筛选、尽职调查、产品设计、销售发行、存续期管理等 ABS 中的各个环节，并提供风险定价、现金流分析、压力测试等智能分析工具。交通银行投行团队也建立了一套可配置的产品模板，支持多种类型 ABS 产品的快速发行，且具备灵活的升级机制，可快速适应市场变化与政策调整。交通银行 RMBS 产品模板广泛涵盖信用卡分期、不良贷款、住房按揭、对公贷款等信贷 ABS 产品及小额贷款、应收账款、信托收益权、租赁租金等企业 ABS 产品。交通银行 RMBS 产品模板，如图 8-2 所示。
>
> 图 8-2　交通银行 RMBS 产品模板

## 8.2　个人智慧提升路线

关于五项修炼、七个习惯和情商等方面的知识，在此不再过多赘述。按照知识的探求规律,与大家一起探讨个人智慧提升的路线。

- **自我定位**:依照兴趣和利益驱动选择关注的知识方向或领域。
- **知识发展路径**:关注知识发展路径,即学习者在乎学习愿景和目标,比如多长时间我可以从"菜鸟"成为"大虾"。
- **碎片式发展**:提出一些入门级别的离散问题,寻求他人帮助。
- **关联式发展**:过一段时间后,逐步通过请教老师或以群组讨论的方式探求与离散问题相关的方法论。
- **系统式发展**:参加系统培训或研究系统的原理,从而寻求可以解释或将已经理解的信息片断进行系统串接。
- **实践学习**:通过系统培训或研究的方式学到的原理,进一步实践寻求理论的验证,并评估实践效果。
- **重新定位**:在实践中遇到新问题,自己在学习的发展路径中重新定位,进而设定新的发展目标。
- **重复循环**:在新的层次之上重新学习,提出更高层次的离散问题,并延续上述循环。

### 8.2.1 自身定位——兴趣驱动要素

按照我们之前探讨的,人们往往依照兴趣和利益驱动选择关注的知识方向或领域。其中兴趣是首要要素,因为兴趣是大家活动的巨大动力,凡是大家感兴趣的职业,都可以提高工作积极性,促使大家积极地、愉快地从事该职业。另一方面,利益驱动也是一个不容忽视的要素。依据我国的国情,职业还是一种谋生手段。因此人们选择关注的知识方向或领域往往与谋生的职业相关,从而能够通过技能的提高不断改善自身的生活条件。

首先谈兴趣要素,关于兴趣选择职业发展方向问题,美国著名的职业指导专家约翰·霍兰德通过长期实践研究,并结合现有职业分类大典提出的六种类型职业兴趣理论为基础,编制出霍兰德职业兴趣理论。霍兰德认为人可分为社会型、企业型、常规型、现实型、调研型和艺术型六种类型，不同类型的人有不同的职业选择倾向，下面是关于这六种类型人的特征及职业选择倾向。

（1）社会型（S）

共同特征：喜欢与人交往、不断结交新的朋友，善于言谈、愿意教导别人，关心社会问题、渴望发挥自己的社会作用。乐于寻求广泛的人际关系，比较看重社会义务和社会道德。

典型职业：喜欢与人打交道的工作，能够不断结交新的朋友，适合从事提供信息、启迪、帮助、培训、开发或治疗等相关的职务并具备相应能力，如教育工作者（例如：教师、教育行政人员）、社会工作者（例如：咨询人员、公关人员）等。

（2）企业型（E）

共同特征：追求权力、权威和物质财富，具有领导才能，喜欢竞争，有冒险精神、有野心、有抱负。习惯以利益得失、权利、地位、金钱等来衡量做事的价值，做事有较强的目的性。

典型职业：喜欢要求具备经营、管理、监督和领导才能，能实现机构政治、经济目标的工作并具备相应能力，如项目经理、营销管理人员、企业领导、法官、律师等。

（3）常规型（C）

共同特征：尊重权威和规章制度，喜欢按计划办事，细心、有条理，习惯接受他人的领导和指挥，自己不谋求领导职务。喜欢关注实际和细节情况，通常较为谨慎和保守，缺乏创造性，不喜欢冒险和竞争，具有自我牺牲精神。

典型职业：喜欢注意细节、精确度，系统有条理的工作，适合从事记录、归档、据特定要求或程序组织数据和文字信息的工作并具备相应能力，如秘书、办公室人员、记事员、会计、行政助理、图书馆管理员、出纳员、打字员等。

（4）现实型（R）

共同特征：喜欢使用工具从事操作性工作，动手能力强、做事手脚灵活、动作

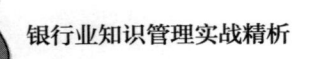

协调。偏好于具体任务，不善言辞、做事保守、较为谦虚，缺乏社交能力，通常喜欢独立做事。

典型职业：喜欢使用工具、机器进行基本操作的工作，对要求具备机械方面技能或从事与工具、机器、运动器材相关的工作感兴趣并具备相应能力，如技术性职业（例如：计算机硬件人员、摄影师、制图员、机械装配工）、技能性职业（例如：木匠、厨师、技工、修理工）等。

（5）调研型（I）

共同特征：知识渊博、有才能，不善于领导他人。考虑问题理性，喜欢逻辑分析和推理，不断探索未知的领域。思想家而非实干家，抽象思维能力强、求知欲强，肯动脑、善思考，不善于操作，喜欢独立的和富有创造性的工作。

典型职业：喜欢抽象的、分析的、独立的定向任务，适合从事要求具备智力或分析才能，能将其用于观察、估测、衡量、形成理论、最终解决问题的工作并具备相应能力，如科学研究人员、工程师、电脑编程人员、医生、系统分析员等。

（6）艺术型（A）

共同特征：有创造力，乐于创造新颖、与众不同的成果，渴望表现自己的个性，实现自身的价值。善于表达，怀旧，心态较为复杂。做事理想化、追求完美、不重实际，具有一定的艺术才能和个性。

典型职业：喜欢具备艺术修养、创造力和表达能力的工作并具备相应能力，如艺术方面（例如：演员、导演、艺术设计师、雕刻家、建筑师、摄影家、广告制作人）、音乐方面（例如：歌唱家、作曲家、乐队指挥）、文学方面（例如：小说家、诗人、剧作家）等。

然而，大多数人并非只有一种职业兴趣倾向（比如，一个人很可能同时包含社会型、现实型和调研型这三种职业兴趣倾向）。霍兰德认为，这些职业兴趣倾向越相似相容性越强，则一个人在选择职业时所面临的内在冲突和犹豫就会越少。

人们通常倾向于选择与自我兴趣类型匹配的职业环境，如具有现实型特征的人希望在现实型的职业环境中工作，可以更好地发挥个人的潜能。但在职业选择中，个体并非一定要选择与自己兴趣完全对应的职业环境。

一则因为个体本身通常是多种兴趣类型的综合体，单一类型显著突出的情况不多，因此评价个体的兴趣类型时也时常以其在六大类型中得分居前三位的类型组合而成，组合时根据分数的高低依次排列字母，构成其兴趣组型，如 RCA、AIS 等。

二则因为影响职业选择的因素是多方面的，不能完全依据兴趣选择职业，还要参照社会的职业需求及获得职业的现实可能性。因此，职业选择时会不断妥协调整，寻求相邻职业环境甚至相隔职业环境，个体需要逐渐适应新的工作环境。但如果个体寻找的不是相对应的职业环境，意味着其所进入的是与自我兴趣完全不同的职业环境，则我们工作起来可能难以适应或者难以做到工作快乐，甚至可能每天工作得很痛苦。

职业兴趣是职业选择中最重要的因素，是一种强大的精神力量。职业兴趣测验可以帮助个体明确自己的职业兴趣倾向，从而能得到最适宜的工作并给予最大的能力投入。根据霍兰德的理论，个体的职业兴趣可以影响其对职业的满意程度。当个体所从事的职业和他的职业兴趣类型匹配时，个体的潜在能力可以得到最彻底的发挥，工作业绩也更加显著。在职业兴趣测试的帮助下，个体可以清晰地了解自己的职业兴趣类型和在职业选择中的主观倾向，从而在众多的工作机会中找到最适合自己的职业，避免职业选择中的盲从行为。尤其是对于刚毕业的大学生和缺乏职业经验的人群，霍兰德的职业兴趣理论可以帮助他们做好职业选择和职业设计，从而能够让他们成功地进行职业调整，从整体上认识和发展自己的职业能力。

## 案例 8.2 从萨摩耶金服"省呗"看"信用卡代还"业务

### 案例背景

近几年，一些打着"信用卡代还"业务旗号的企业先后登录国外股市或正准备首次公开募股，其中就包括深圳萨摩耶互联网服务有限公司（以下简称"萨摩耶金服"）。2018 年 9 月，成立三年多的萨摩耶金服正式向美国 SEC 提交上市申请文件，拟融资 8000 万美元，股票代码为 SMY，联合保荐人为摩根士丹利、德意志银行和中国国际金融股份有限公司。萨摩耶金服在招股书中称，Oliver Wyman 报告显示 2017 年与 2018 年上半年，旗下产品"省呗"的信用卡代偿加权平均年利率分别为 15.1%与 15.5%，为全行业的最低水平。这使得"信用卡代还"业务成为市场关注的焦点。萨摩耶金服的产品"省呗"广告，如图 8-3 所示。

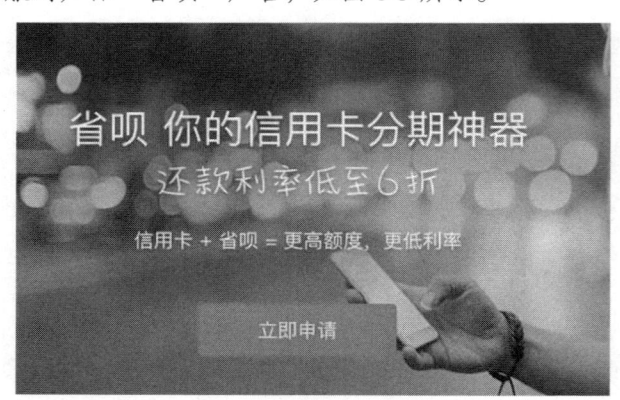

图 8-3　萨摩耶金服的产品"省呗"广告

据国家互联网金融安全技术专家委员会统计，国内目前以"信用卡代还"业务为主的平台有 140 多个。随着 95 后、00 后消费主力军的兴起，现在好像进入了一个"全民欠钱"的时代。那么，"信用卡代还"业务真的能帮助信用卡用户缓解资金压力吗？

随着互联网金融的兴起，一些小额贷款的机构、平台盯上了"信用卡代还"业务，通过向持卡人提供借款，帮助持卡人偿还信用卡欠款，同时将欠款金额转到小额贷款平台，小额贷款平台以此获得贷款业务的利息及手续费收益。

实际上"信用卡代还"业务并非新生事物，在新加坡信用卡业务中就有"信用卡余额代偿"业务，是在获取较低利率情况下以 A 银行信用卡偿还 B 银行信用卡欠款，这种代偿通常设定在一定期限内实行低利率甚至零利率。这项业务在竞争激烈的国外信用卡市场中是很普通的业务，目的是争取客户使用本行信用卡。国内也仅有华夏银行在 2007 年刚推出信用卡业务的时候同步推出过"信用卡代还"业务，但后来被监管部门叫停。

### 案例分析

前面我们提到过，人们基于兴趣爱好择业。但有时候人们的兴趣爱好也会发生改变，尤其是现在的年轻人，爱好广泛善变，因此择业也会因为兴趣爱好的变化而变化。而"信用卡代还"业务的选择也是一样，用户往往不能完全掌握相关的信息，选择产品带有很大的随机性。

国内流行的"信用卡代还"业务的本质是一般的小额贷款业务，只是被冠以"信用卡代还"这样的一个场景名称来吸引用户。所谓的"省钱"，也是表面上减少了利息支出，但实际所要承担的手续费相比信用卡自带的"账户分期"或"最低还款"方式的成本并不低，如果需要通过贷款归还信用卡欠款的话，还是要"货比三家"。

同样，因为年轻人兴趣爱好的不定性，要依据兴趣爱好来进行择业，也需要进行"货比三家"，找到最适合自己的工作。

## 8.2.2 自身定位——利益驱动要素

从经济学的角度来讲，具有技能的人是一种商品，而且这种商品是经济发展的核心资本之一，被称为生产要素。生产要素包括劳动、土地、资本和知识。从这个角度可以看出，知识技能对于社会经济发展是不可或缺的。

作为一种商品，个人知识技能必然遵循市场的供需规律，供需规律决定它的价格。在商品经济条件下，商品供给和需求之间相互联系、相互制约，它是生产和消费之间的关系在市场上的反映。在市场经济中，供求规律通过价格的浮动自发地调节供求关系：供大于求，价格就下降；求大于供，价格就上升。

进一步分析，如果一个专业人才的市场供给量很小，那么他的不可替代性就越大，他可能就越"值钱"；相反一个专业人才的市场供给量很大，那么他的不可替代性就越小，他可能就越不"值钱"。

因此从兴趣方面选定长期发展规划后，就需要从利益驱动角度进行筛选，选出

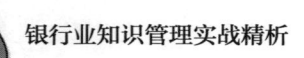

兴趣匹配度和投资回报率两者都比较大的知识领域作为发展方向，从而确立发展目标。

而且，投资回报率不仅要注重当前，还要看行业将来的发展趋势。就跟投资一样，要选择短线和长线相结合的方式。短线选取知识发展方向作为获取短期收益和快赢的手段；长线选取知识发展领域作为职业发展风险规避和获取潜在更大收益的手段。

结合上面所讲的我们梳理一下思路。

第一步：首先依据霍兰德职业兴趣理论得到推荐的知识发展方向。

第二步：通过霍兰德职业兴趣理论得到的只是一个职业推荐，有的职业有可能没有相应的知识发展方向与之相对应，这就需要我们来自主选择或与他人讨论确认几个知识发展方向。

第三步：针对第二步选取出来的知识发展方向进行兴趣匹配度的再次评估，通过兴趣匹配度从1到10进行自我评估，并记录相应的数字。

第四步：针对第二步选取出来的知识发展方向进行短期知识收益的评估，包括收益大小、收益周期、收益概率等三个纬度。

第五步：针对第二步选取出来的知识发展方向进行长期知识收益的评估，包括收益大小、收益周期、收益概率等三个纬度。第四步和第五步都可以利用决策树的工具来进行。

第六步：依据以上五步，我们得到至少两种可以考虑的组合。兴趣匹配度（大）+短期收益周期（快）+短期收益（大或小）——第一种是获取快钱的最佳手段；兴趣匹配度（大）+长期收益周期（大或小）+长期收益（大）——第二种是获取长期潜在收益的最佳手段。

通过第六步无论我们得到是短线操作还是长线操作，兴趣匹配度必须大（至于"大"的标准是什么我们可以自行设定阈值，比如：兴趣匹配度>7的是"大"的），这是因为我们在之前提到过：兴趣是知识发展选择的首要要素，因为兴趣是人们活动的巨大动力,凡是大家感兴趣的职业,都可以提高工作积极性,促使大家积极地、愉快地从事该职业。

通过最终得到的两种知识发展组合,我们一方面可以实现快赢,增加自我成就感;另一方面实现长期发展,实现有效的职业发展风险规避和获取潜在的收益。

## 案例 8.3　洗钱内幕八模式

### 案例背景

为使腐败犯罪所得收益披上合法的外衣,犯罪分子会采取掩饰、隐瞒等洗钱手段将腐败犯罪所得合法化。这严重扰乱了正常的经济秩序和金融管理秩序,因此惩防腐败洗钱犯罪势在必行。国内腐败洗钱主要有以下八种模式。

**一是利用地下钱庄洗钱**。未经国家主管部门批准,擅自通过跨境汇款、买卖外汇、资金支付结算业务等地下钱庄洗钱。地下钱庄洗钱一般包括两种方式:一种方式是"换汇",即境内人民币输出境外换成外币或境外外币输入境内换成人民币;另一种方式是"洗黑钱",即一些无法交代来源的资金通过账户倒转后变成合规合法的收入。

**二是利用互联网条件下的银行卡洗钱**。利用借记卡洗钱,如冒用他人身份开户、非法买卖借记卡等;利用信用卡洗钱,如虚构交易套取银行资金、恶意透支或提现等;利用电话或网络洗钱,如利用网络下注"赌球"或"六合彩",然后通过网上银行进行资金清算,将非法收入变成合法收入,实现洗钱的目的。

**三是利用银行账户洗钱**。腐败分子通过银行业务转移腐败所得赃款,将其直接存入他人账户,通过变更资金所有人身份的方式达到赃款合法化的目的。

**四是利用实物投资洗钱**。腐败分子以购买房产作为洗钱的主要方式。一方面,房产投资可以达到洗钱的目的,同时能够实现腐败所得的保值和增值;另一方面,通过实体经营、依法缴纳税款"清洗"腐败资金,腐败分子利用一些合法或非法经营模式,如通过自营公司或者委托他人经营公司等方式,将非法所得投入流通,通过形式上的合法经营流程,将"黑钱"洗白。

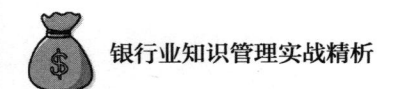

**五是利用现金交易洗钱**。腐败分子以现金作为腐败媒介和腐败洗钱的主要方式,将其贪污和收受贿赂资金以现金形式进行消费或保存。

**六是利用票据套取资金**。利用金融机构伪造商业票据,通过证券业、保险业实施洗钱行为,以开设票据账户或者利用银行存款实施资金转移。

**七是虚假实体投机洗钱**。通过投资产业方式进行洗钱活动,包括成立匿名公司,隐匿公司的真实所有人,向现金密集的区域或行业投资洗钱。

**八是利用购买古玩及珍贵艺术品洗钱**。腐败分子将其非法所得用于购买古玩、珍贵艺术品等,以此达到洗钱的目的。

> **案例分析**
>
> 通过洗钱的八种模式可以看出,洗钱手段是无孔不入的,其基本特征就是符合利益驱动。如同人选择知识发展方向的要素是利益驱动一样,洗钱模式的确立是考虑安全性(S)和投资回报率(R),而人从兴趣方面选定长期发展规划后,就需要从利益驱动角度进行筛选,选出兴趣匹配度(I)和投资回报率(R)两者都比较大的知识领域作为发展方向,从而确立发展目标。

### 8.2.3 知识发展路径

在个人知识资本中我们谈到人们通过兴趣匹配度(I)和投资回报率(R)两个纬度进行知识发展方向的选择,其中投资回报率(R)一方面考虑短线快赢和增加自我成就感;另一方面考虑长期发展,实现有效的职业发展风险规避和获取潜在更大的收益。

一旦明确了自己的知识发展方向,下一步就要制定详细的知识发展路径。知识发展路径是实现从"菜鸟"到"大虾"的成长。在这个成长历程中,可以设定成长的知识里程碑,成长的知识里程碑标志了成长的质的变化,从而实现快赢和增强阶段成就感。

在每一个成长的知识里程碑中，再设定中期和短期的知识发展项目计划，规划知识学习、知识分享、知识利用、知识创新等知识螺旋的各层面的流程、工具和方法。

知识发展路径和项目发展计划也并不是一成不变的，需要与他人一起探讨，不断调整方法和方式。其中项目管理方法和运营管理的方法可以充分运用其中，以实现架构化的控制。

具体来说，制订知识发展项目计划就是一个项目管理过程，需要先定位项目目标和项目边界，再制定包括工作分解结构、项目进度表、精力资源分配等各项工作。

运营管理的方法则是动态观察目前的知识发展方向、知识发展路径和项目发展计划是否有问题，问题的发现可以从与别人的交流和实践中去挖掘体会。如果同类问题发生不止一次，则需要质疑问题背后是否有原因，是不是整个知识学习系统的方向需要调整。若系统发生变更，则需要再评估变更影响，包括兴趣匹配度（I）和投资回报率（R）两个方面。评估变更可行则去实施变更，使得知识学习系统更加优化，方向更加明确。

## 案例 8.4　港珠澳大桥背后的"高大上"

### 案例背景

2018 年 10 月，港珠澳大桥正式开通。港珠澳大桥是世界级超大型跨海交通工程，其东接香港地区，西接珠海和澳门地区，全长 55 公里，是目前中国建设史上里程最长、投资最多、施工难度最大的跨海桥梁，被英国《卫报》誉为"新世界七大奇迹"之一，其代表了中国制造的实力。而对于这座跨海桥梁界的"珠穆朗玛峰"，装备先进的配套设施显然是必不可少的。

为了凸显港珠澳大桥的"高大上"，车辆过桥通行时，系统采用了前端的面部识别和指纹识别技术，该技术由 Intellifusion（云天励飞）提供。据了解，该技术可在一秒钟内完成过境许可认证且准确率高达 99.5%，这有效地提高车辆过境的速度。

另外，作为一座超长的跨海大桥，港珠澳大桥所需要承受的外部环境压力可想而知，除了珠海公路口岸所处的高温、高湿和高盐的海洋环境，还要考虑大桥需要应对巨大的车流量，传统的停车数据管理显然是不够的，必须引入先进的智能管理技术。

捷顺科技在珠海公路口岸配备了智慧交通解决方案，包括 C 系列停车场+车牌识别/卡片系统、6 型视频车位引导+反向寻车+线上打折及缴费系统等，系统采用当前行业先进的智能硬件管理平台，控制机搭载当前停车行业前沿的 AI 高清车牌识别、AI 人脸识别、无人值守、无感支付、车位引导和语音 IP 对讲等技术，由此革新传统停车场技术，智能化地提升停车场的作业效率。

此外，捷顺智慧停车系统与口岸商户会员系统 API 实现整体对接，打通商户会员积分与停车数据体系，口岸商户通过线上打折系统，可为消费者提供停车优惠及其他增值服务，增强了消费者的黏性，这都有助于商户实现会员运营闭环。

**案例分析**

知识发展路径是实现从"菜鸟"到"大虾"的成长。在这个成长历程中，可以设定成长的知识里程碑，成长的知识里程碑标志了成长的质的变化，从而实现快赢和增强阶段成就感。

而港珠澳大桥的建设就是遵循这种里程碑和项目计划的方法，桥桩地基、桥身建设、加固、软硬件配套设施等各个阶段需要按部就班地进行。因此，港珠澳大桥雄伟身影的背后，不仅蕴含了工程师、建筑团队等亲历者通过无数心血和汗水换来的建筑精粹，同时还融入了国内顶尖智能技术的最优设计，是"中国制造"强大的直接体现。

## 8.2.4 碎片式、关联式和系统式的学习

我们前面提到了知识发展路径和知识项目计划的制订，这两个工具的核心价值在于使得知识的发展可视化，清晰地知道自己现在在哪儿、要往何处去等问题。

明确了这些问题后，接下来我们就要面对如何去做的问题。在知识学习中，可以分为三种学习模式：碎片式学习、关联式学习和系统式学习。

**碎片式学习**主要是指在非正式学习时间和场所发生的，通过非教学性质的社会交往，利用零碎的时间来传递和渗透知识，由学习者自我发起、自我调控、自我负责地学习。由于现在社会节奏较快，因此碎片式学习可以说很符合现代人的生活节奏。一般来说，单次碎片式学习的时间不宜超过 15 分钟。因为研究表明，现代人对于学习时间的接受程度在 15 分钟内，超过 15 分钟后人对学习对象的注意力就会下降。碎片式学习无处不在，生活中随时随地都能发生，当它融入人们的生活后自然地发生时是很有意义的。

**关联式学习**主要是指当碎片式学习的知识片段积累到一定量时，学习者自然而然地引发要对所学的碎片化知识进行关联梳理的需求。其中比较常用的工具就是用思维导图工具整理分析知识点碎片的关系，并进行之间关联性的梳理，整理成较为系统的知识树或知识地图。

**系统式学习**主要是指当自身的知识树或知识地图积累到一定程度时，学习者又会引发要对知识树或知识地图进行进一步系统化、抽象化的需求。通常我们通过参加系统培训或正式学习的途径来进行系统式学习。

有权威机构研究表明：碎片式学习在整个知识学习中所占的比重约为 70%～80%，关联式学习所占的比重约为 5%～10%，系统式学习所占的比重约为 10%～20%。所占比例高的并不能说明其重要性高，关联式学习的重要性往往最高，因为在整个学习系统中它起到承前启后的作用。

碎片式学习、关联式学习和系统式学习的方式有很多，在这里我们重点介绍几种比较重要的方式——属于碎片式学习的知识问答及知识点的获取、属于关联式学习的群体讨论及单独思考和属于系统式学习的系统培训及正式学习。它们的关系是怎样的呢？

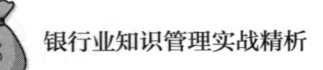

首先知识问答和知识点的获取是快速入门的方式。人认知事物的一般规律是：先是离散的信息获取，然后是信息的连接，最后连成信息面。人这个认知事物的一般规律源于人脑的结构。

其次是群体讨论和单独思考。信息连接是知识获取的必经阶段，当通过知识问答的方式获取离散的信息后，就会有将信息连接的需求。通常来讲，人将信息连接的习惯大致划分为两种——群体讨论和单独思考，外向的人倾向于群体讨论，内向的人倾向于单独思考。

最后是系统培训和正式学习。当信息连接点达到一定程度时，人对事物系统了解的求知欲就被提上日程。这个阶段人对事物的关注重点在于原理、发展历程等相关知识。

总之，知识学习发展一般以碎片式学习为起点，而碎片式学习的方式有知识问答和知识点获取；关联式学习的方式有群体讨论和单独思考；系统式学习的方式有系统培训和正式学习。这三种方式的一般流程顺序是知识问答和知识点获取、群体讨论和单独思考、系统培训和正式学习，分别对应知识入门、知识连接、知识系统化的阶段，而且这三个阶段也像知识螺旋一样不断循环，它们呈螺旋上升的关系，从而使得知识学习不断深化，对事物的认知也不断细化。

## 案例 8.5　这里的黎明静悄悄——银行转型进行时

### 案例背景

1978 年，当我国正打开改革开放大门之际，美国的银行业正处在解除利率管制的动荡之中，美国所有的银行家都在面对一个"失去管制的世界"。当时，美国利率市场化改革对银行业的冲击与 40 年后我国利率市场化改革对行业的冲击没有什么差别，整个行业充满了焦虑和不安。

时任富国银行总裁的卡尔·雷查德意识到，利率市场化将会是一个不可避免的事实，那就是银行业务终会成为商品，银行业传统的高高在上的做派和温文尔雅的交易将不复存在，银行人必须像其他生意人一样，对成本和效益斤斤计较。认识问题容易改革却困难重重，从高高在上的理念到踏踏实实的转型需要有一个强有力的抓手，而找到这个抓手的过程就是认识银行业务转型本质的过程。

富国银行采用了一个新的核心指标进行管理，那就是"单位雇员所获利润"。按照这种逻辑，富国银行率先改变分配体系，成了全美最早主要依赖基层储蓄所和自动柜员机的银行之一。在这种"单位雇员所获利润"的指挥棒下，富国银行最终孕育了一套享誉全球的交叉销售体系，成为了今天全球银行业学习的标杆。

有人做了一个比喻，对于银行业来说像富国银行这种销售架构的转型就好像20世纪80年代末90年代初计算机对算盘的取代。由于该架构转型在银行中的后台进行，这个变化没有被太多人注意到，因此称其为"静悄悄的黎明"。

2018年8月，长期引领中国银行业IT发展趋势、有"宇宙行"之称的中国工商银行明确表示，未来信息科技系统建设的重要目标之一就是深化IT架构转型，降低系统之间的耦合性。有"零售之王"美誉的招商银行也提出要加速推进云计算和分布式交易平台的建设。中国民生银行也完成了分布式系统的架构转型，自主研发的互联网分布式核心架构也已上线。广发银行、南京银行也完成了以互联网为核心的架构，极大促进了业务发展。

### 案例分析

如同知识获取遵循碎片式学习、关联式学习和系统式学习的递进关系一样，这场"静悄悄的黎明"的到来也从一开始的碎片式变革到关联式变革，再到后来的系统式变革。

碎片式变革：一开始推动这场静悄悄的革命的，是来自银行业IT部门和金融科技服务提供商的一小部分人；触发这场革命的，是今天这样一个移动互联网时代；支撑这场革命的，则是以阿里云为代表的互联网技术与银行技术架构体系的深入融合。

> 关联式变革：所有人的努力都围绕着一个目标，那就是让银行业 IT 系统更能适应数字化时代的挑战抑或是让银行业 IT 系统进一步推动数字化时代的到来。在这个时候，与一开始的碎片变革开始发生关联。
>
> 系统式变革：数字化转型的核心本质上是利用技术来提供银行产品，它具有全局性和战略性的意义，这与之前传统商业银行通过关系、担保、增信来进行提供服务有本质的区别，面向零售、小微、移动的转型已经是所有银行业必须面对的课题，这个转变就像富国银行的销售架构转型一样重要。到了这个阶段，银行业的转型已经成为系统化的变革。

### 8.2.5 学习实践

了解了知识发展所需的准备和系列原则后，我们就应该给自己设立一个坚定的目标，并按照情况的变化及时调整自己的知识发展计划，才有可能获得成功。

（1）实践（知识+实践=技能）

知识学习中有一条 1-2-7 原则，是说知识的认知仅能掌握 10%的知识量，反思和理解可以掌握 20%，而另外的 70%则需要实践来加强。重要的不是知识，而是运用知识的能力，而这些能力只有通过自己多次实践才能获取。

知识难学，技能更难学。前者的衡量是知道或不知道；而后者却有熟练程度的差别。庖丁解牛，三年之后目不见全牛，十多年方游刃有余。熟能生巧，技能的培养如果仅仅掌握方法而少有实践，便很难有所突破。

- 停止空谈，开始行动。
- 要善于发现问题本质。
- 敢于解决问题。
- 对自己的工作任务进行安排和估算。

（2）思考（知识+实践+思考=智慧）

成千上万的人看到苹果落下，但只有牛顿问了"为什么"。所以"思考"就像暴露在空气中的铁，不用就会生锈。

- 多反思改进和分享。
- 随时记录思考内容。
- 突破思维定势。
- 用图表总结和表达思考的结果。

（3）心态（知识+实践+思考+心态=学习）

心态比技能要难传授，它就像一扇反锁的门，我们只能选择在外面叫里面的人开门，而最终是否开门取决于里面的人的意愿。

- 主动学习、快乐学习、有价值地学习、终身学习。
- 积极开放、乐于接受新事物并勇于尝试、乐于分享。
- 学习工作化、工作学习化。
- 空杯心态。

经常会有人抱怨："我在公司不受重视或者感觉没有发展空间，在项目组也学不到新东西，感觉不到自己的进步，不知道路在何方……"其实路就在你脚下。不积跬步，无以至千里；不积小流，无以成江海。抓住点点滴滴随时随地学习，无处不在进步。

学习就是保持良好的心态，坚持在掌握部分知识后勇于实践，并在学习知识和实践的过程中进行思考深化知识，实现知识螺旋从数据、信息、知识到智慧的不断发展。

## 案例 8.6　五国农村合作金融模式的借鉴

### 案例背景

由农村信用合作社改制而成的农村合作银行，经过股份制改革后晋阶农村商业银行，完成了"华丽转身"。作为竞争主体，商业化改革在朝着打造统筹、协调、创新的现代化金融机构方向发展，最终能够更好地服务城市和农村这两个市场。

但是由于历史原因，有一些农村合作金融机构位于市区，以农村合作金融机构之名与其他商业银行在城市开展业务竞争，其业务品种和服务范围"脱农"倾向显著、市场定位模糊、业务发展艰难，如何解决其改革发展问题成为一个亟待解决的难题。下面我们通过五个国家的农村合作金融模式，来看一下如何借鉴并解决我国农村合作金融的问题。

日本的农村合作金融机构依附于生产性的农协，使农村合作金融机构业务与农业生产高度相关。体系内的三级组织基层农协、信农联、农林中央金库和全国信联协会之间只有经济往来，无行政隶属关系，上级组织依靠经济手段和窗口指导下级组织，形成独立的资金运行系统。其根据立足基层、方便农户、便于管理的原则设立机构，坚持以农业社区和社员为服务中心。

法国农村合作金融机构即法国农业信贷互助银行，实施的是一种半官半民的管理体制。农业信贷互助银行由地方农业信贷互助银行、省农业信贷互助银行和中央农业信贷互助银行（即法国农业信贷互助银行总行）三个层次组成。农业信贷互助银行是在民间信用使用的基础上由政府介入，由下而上逐步建立起来的一个完整的银行系统。

美国农村合作金融体系由联邦土地银行及其基层合作社、联邦中期信贷银行及生产信用合作社、合作银行系统等三家独立的系统组成，由全国信用社管理局独立监管，直接对国会负责。美国农村合作金融组织是在政府领导下并由其出资建立的，是一种松散的联合体制。当前三个系统已变成真正意义上的由农场主所拥有的合作金融组织。

德国合作银行体系分为三个层次：一是全国合作金融组织的中央协调机关——德国中央合作银行；二是 3 家区域性合作银行；三是 2500 家地方合作银行及 18 700 个分支机构，拥有 1460 万个社员直接从事信用合作业务。

荷兰合作银行组织架构有三个特点：一是主要决策由中央代表会议拟定；二是成员代表和中央合作银行监督成员行，荷兰监管当局将对成员行的部分监管权委托给荷兰中央合作银行；三是中央合作银行、成员行共同组成一个相互担保系统，以便银行发生风险时能迅速获得救助。

> **案例分析**
>
> 　　他山之石，可以攻玉。上文提到，学习就是保持良好的心态，坚持在掌握部分知识后勇于实践，并在学习知识和实践的过程中进行思考深化知识，实现知识螺旋从数据、信息、知识到智慧的不断发展。
>
> 　　因此案例中日本、法国、美国、德国和荷兰五个国家的农村合作金融模式，可以给我国农村合作金融的改革发展一些有益的启发：一是深化产权改革；二是完善法人治理结构；三是加强产品和技术创新；四是加强反洗钱管理；五是强化内部风险控制能力。

### 8.2.6　知识发展重新定位

人们在获取新知识后，会产生无知的失落，这种失落有以下两种结果。

- 如果目前兴趣与所从事工作方向一致，无知的失落会转化为更大的求知欲动力促使人们继续发展。
- 如果目前兴趣与所从事工作方向不一致，无知的失落会转化为迷茫的痛苦促使人们反思定位是否正确。

因此在经历了一系列的知识发展阶段后，人们与知识产生了新的矛盾。这种矛盾会促使人们进行反思、重新定位，思考目前自身的职业方向的选择是否正确、是否符合自身的兴趣和价值观。而这种重新定位又会促使个人重新测评自己，以便及时了解更新后的状态。

现在职场人的发展关键就是技能和思维，而技能的不断提升和思维修炼的关键就是养成一个习惯。坚持用知识管理的方法来进行知识发展计划的制订，坚持自己

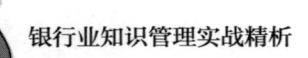

的知识发展目标，事先用个人知识管理方法进行工作思路的梳理，每次做完一个项目或一项工作后都进行知识的复盘。

## 案例8.7 支付牌照哪个最值钱

### 案例背景

2020年第一季度，中国第三方支付移动支付市场交易规模已达53.49万亿元，无论从绝对规模还是环比增长率看，第三方支付都是一个风口上的行业。支付宝和腾讯金融分别以54.97%和38.92%的市场占有率占据移动支付主导地位，剩余约6%的市场份额由其他200余家公司抢夺，其中也是"大佬"云集。平安、万达、京东、电信、百度、苏宁、滴滴、美团、拼多多纷纷入局，大型互联网公司、大型传统金融机构、大型地产企业、大型通信企业齐聚一堂，只有在支付行业才能看到如此群星荟萃。

中国人民银行发放的支付业务许可证共分为七种类型，包括预付卡受理、预付卡发行、移动电话支付、互联网支付、固定电话支付、银行卡收单和数字电视支付。那么到底哪种支付牌照最值钱呢？可以从以下三个方面来分析。

第一、业务类型。含金量最高的是互联网支付、移动电话支付、银行卡收单。受支付宝、微信等非银行支付机构的影响，固定电话支付的含金量最低，此外，预付卡受理也正处于被移动支付逐步"蚕食"和替代的尴尬境地，售价也受到了影响。

从区域范围来看，一张包含5项业务的牌照，最高叫价可达30亿元，公允价格至少也在12亿元以上。互联网支付、移动电话支付、银行卡收单业务，只要业务覆盖全国，单项业务牌照价格可高达7亿元，公允价格在4亿元以上。

第二、支付牌照本身是否自带业务和渠道。2017年，安徽新力金融股份有限公司以23.8亿元收购北京海科融通支付服务股份有限公司100%股权，后者的第三方支付牌照范围为银行卡收单（全国）；深圳新国都支付技术有限公司以7.1亿元收购嘉联支付有限公司100%股权，后者的第三方支付牌照范围也为银行卡收单(全国)；

深圳亚联发展科技有限公司以 9.5 亿元收购上海即富信息技术服务有限公司 45% 股权，后者的第三方支付牌照范围同样为银行卡收单（全国）。支付牌照与牌照范围、并购案例业绩承诺、本身是否自带业务和渠道都有关系。

**第三、支付机构是否遭中国人民银行多次处罚。** 支付机构遭中国人民银行多次处罚，可能影响其 5 年支付业务许可证到期后的续期或者导致业务范围区域受限。

> **案例分析**
>
> 如同人的知识发展重新定位与目前自身的职业方向的选择是否正确、是否符合自身的兴趣和价值观一样，支付牌照的价值也与业务类型、牌照本身是否自带业务和渠道、支付机构是否遭中国人民银行多次处罚等多种因素有关。
>
> 两者的共同点在于他们都要重新认识自己、更新状态，因此人的知识发展重新定位会促使个人重新测评自己以便及时了解更新后的状态，这样才能更加客观地了解自身的价值。

## 8.3　个人资本提升

前面我们谈到了智慧提升路线的核心是根据自身定位来选择知识发展方向，从而强化自身的知识资本。而知识资本强化后，需要将已有的知识结构与从外部获取的知识进行结合，并转化为自己的结构资本。结构资本的增强最终可以让自己认识更高层次的人，从而获取更高级的知识资本，形成正向循环。具体来说，分为如下九种知识转化（见图 8-4）。

- **知识资本内部的知识转化**：这个过程涉及从外部获取知识。
- **从知识资本到结构资本的知识转化**：将已有的知识结构与从外部获取的知识相结合。

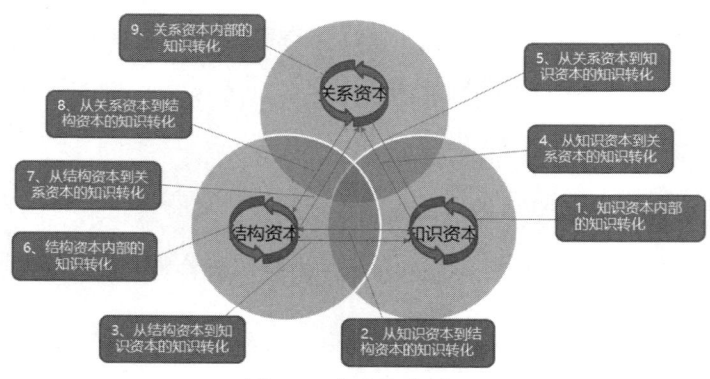

图 8-4 个人资本循环

- **从结构资本到知识资本的知识转化**：已有的知识与获取的知识结合后，进一步印证获取的知识，更有利于吸收知识。
- **从知识资本到关系资本的知识转化**：因为积累的知识资本可以让自己的眼界不断拓宽，从而有机会认识和接触到层次更高的人脉。
- **从关系资本到知识资本的知识转化**：更高层次的人脉使得获取知识的渠道和来源更广泛，从而获取到更高级的知识。
- **结构资本内部的知识转化**：从外部获取的知识与已有的知识结构结合，结合后新的知识结构需要不断基于已有的结构进行优化调整。
- **从结构资本到关系资本的知识转化**：自身知识结构的变化，不仅仅会让自己接触到层次更高的人脉，也能听懂和理解高层次人脉的知识意图。
- **从关系资本到结构资本的知识转化**：更高层次的人脉关系，会改变自身的认知结构，这种改变是知识系统的改变，而不是知识碎片的获取。
- **关系资本内部的知识转化**：有了更高层次的人脉关系后，自己的关系资本也需要不断调整优化，从而能不断强化自身的关系资本。

## 案例8.8 人工智能（AI）反欺诈

### 案例背景

新的时代带来新的机遇，人工智能（AI）等科技成为银行业创新的方向。而人工智能落地的困境是缺乏将技术与实际业务和应用场景结合起来去解决具体问题，创造更大的价值。北京数美时代科技有限公司（以下简称"数美科技"）攻克了这个难题，将人工智能技术和反欺诈这样有巨大痛点需求的行业结合起来了。

数美科技选择把人工智能反欺诈这个大方向作为核心落地场景，从金融风控入手逐步发展。针对不断进化、分工明确、体系完善的黑产产业链，反欺诈采取任何单一策略或局部防御都无法与黑产对抗，所以数美科技提出"全栈式反欺诈"理念，这是一个多维度、多层面、全局立体的防御方案。

从黑产攻防来讲，深入挖掘黑产威胁情报和自动化作恶模式，使得防御方案做到全方位知己知彼、有的放矢；从防御节点来讲，从设备启动到用户注册、登录，再到下单、领券等业务行为的各个环节来进行纵深防御；从策略体系来讲，通过 IP、设备、WIFI 等全球风险画像、团伙行为风控引擎、内容智能风险识别引擎等组成全方位策略体系，再结合深度学习、社群发现等 AI 风控机制，通过全行业共享的海量特征样本判定深度异常。"全栈式反欺诈"可以做到全面准确识别各类欺诈用户，控制全局风险。

反欺诈涉及与黑产和灰产的对抗，因此对团队的技术能力和实践经验都提出了很高的要求。数美科技作为一家初创企业，在最初人才队伍的搭建过程中也遭遇了不小的挑战，但它凭借务实进取的企业文化以及创始团队的落地应用能力把产品和客户服务一点点做起来，最终造就了一支高技术人才的队伍。

**案例分析**

数美科技的 AI 反欺诈的业务发展充分印证了组织人力资本也需要经历知识资本、结构资本和关系资本的结合与螺旋发展。

首先是知识资本。数美科技从金融风控入手然后逐渐拓展到互联网相关的其他行业，比如欺诈账号识别主要解决互联网营销欺诈与渠道流量作弊的问题、内容过滤主要解决 UGC 平台的内容违规和黑产发起的广告欺诈问题。通过这些业务的积累，逐步形成了组织的知识资本。

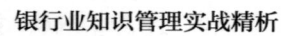

其次是结构资本。后来数美科技认识到，针对不断进化、分工明确、体系完善的黑产产业链，反欺诈采取任何单一策略或局部防御都无法与黑产对抗，所以数美科技提出"全栈式反欺诈"理念——一个多维度、多层面、全局立体的防御方案。因此，需要将多年积累的知识资本结构化。

最后是关系资本。有了知识资本和结构资本，数美科技凭借人脉资源吸引了接近20个达到阿里P9及以上水平的人，最终造就了一支高技术人才的队伍。

# 附录 A
# 银行业知识管理案例集清单（55 个）

## 一、大型商业银行相关案例（7 个，占比约 13%）

- 案例 2.1　基于 DIKW 的农行电商融资系统
- 案例 3.8　中国工商银行的信用卡场景化 3.0
- 案例 4.6　国内首家"无人银行"的数据智能
- 案例 5.4　从知识需求看 NFC 支付与二维码支付
- 案例 6.6　中银"信贷工厂"模式的知识员工结构
- 案例 6.10　中国内地的第一张信用卡背后的知识库管理
- 案例 8.1　交通银行的国内首单区块链 RMBS

## 二、股份制商业银行相关案例（1 个，占比约 2%）

- 案例 7.4　群雄逐鹿香港虚拟银行牌照

## 三、城市商业银行相关案例（1 个，占比约 2%）

- 案例 4.5　唐山银行网点转身"智能化"

## 四、农村金融机构相关案例（1 个，占比约 2%）

- 案例 7.1　农商银行直销六部曲

## 五、其他类金融机构相关案例（24 个，占比约 43%）

- 案例 2.3　银商农批信用链，织就农货知识商户网
- 案例 2.4　华为与 Xpress Money 合作的知识服务

- 案例 2.5　蚂蚁金服的螺旋发展史
- 案例 2.6　"信联"实现征信业的智慧升级
- 案例 2.7　支付宝缘何紧缩趣店流量
- 案例 2.8　微信支付用户"养肥"了，难道就要收费
- 案例 2.9　百度走金融科技服务实体经济的"群众路线"
- 案例 3.5　"新零售"新业态
- 案例 3.6　内地版"八达通"是否有望实现
- 案例 3.7　"刷脸"证明"我是我"
- 案例 4.1　非银行支付机构的客户备付金"紧箍咒"
- 案例 4.2　魔急便（Mobile Go）的用户需求信息流
- 案例 4.3　BATJ 群雄逐鹿，布局保险业
- 案例 4.7　海航集团的支付嵌入场景
- 案例 5.1　当当网卖身海航系是何使其没落
- 案例 5.2　从点牛金融看车贷市场大洗牌
- 案例 5.5　新世界百货的技能地图变革
- 案例 6.9　腾讯打造数字校园全场景服务
- 案例 7.2　传统金融信贷的"农村包围城市"之路
- 案例 8.2　从萨摩耶金服"省呗"看"信用卡代还"业务
- 案例 8.3　洗钱内幕八模式
- 案例 8.4　港珠澳大桥背后的"高大上"
- 案例 8.7　支付牌照哪个最值钱
- 案例 8.8　人工智能（AI）反欺诈

## 六、境外金融机构相关案例（10 个，占比约 18%）

- 案例 2.2　M-Pesa：降低中非合作交易成本的利器
- 案例 3.1　Mint 的数据共享模型

附录 A　银行业知识管理案例集清单（55 个）

- 案例 3.2　花旗银行的金融科技融合
- 案例 3.3　BBVA 的云金融转型
- 案例 3.4　数据管理使 CBW 涅槃重生
- 案例 4.4　日本电子货币 J-Coin 该向何处去
- 案例 5.3　商旅争夺战改变机场贵宾室
- 案例 7.3　台湾信用卡危机
- 案例 8.5　这里的黎明静悄悄——银行转型进行时
- 案例 8.6　五国农村合作金融模式的借鉴

## 七、其他行业相关案例（11 个，占比 20%）

- 案例 6.1　三星 SDS 知识管理的阶段导入
- 案例 6.2　世界银行用"故事"把知识管理收益讲出来
- 案例 6.3　BP 知识管理收益案例
- 案例 6.4　中国惠普知识管理的战略目标
- 案例 6.5　3M 知识管理战略
- 案例 6.7　摩托罗拉推行知识分享
- 案例 6.8　施乐公司的知识管理激励
- 案例 6.11　巴克曼实验室知识社区管理
- 案例 6.12　微软的知识地图
- 案例 6.13　雪佛龙公司的最佳实践资源引导图
- 案例 6.14　TelTech 专家系统

# 参考文献

1. 乔希·维茨金. 学习之道：美国公认经典学习书[M]. 苏鸿雁，谢京秀，译. 北京：中国青年出版社，2017.
2. 田志刚. 你的知识需要管理[M]. 沈阳：辽宁科学技术出版社，2010.
3. 田志刚. 卓越密码：如何成为专家[M]. 北京：电子工业出版社，2018.
4. 产品开发与管理协会. 产品经理认证（NPDP）知识体系指南[M]. 陈劲，译. 北京：电子工业出版社，2017.
5. 美国项目管理协会. 项目管理知识体系指南（PMBOK 指南）[M]. 6版. 北京：电子工业出版社，2018.